쉽게 시작해 깊게 이해하는
조직신학의 눈으로 읽는 성경

—————— PRIMUS ——————

KB194778

일러두기

＊ '하나님'을 그림으로 표현하는 것이 쉽지 않아 추상적으로 표현했지만 꼭 필요한 경우에는 '예수님'
과 동일하게 그렸습니다.

쉽게 시작해 깊게 이해하는

조직신학의 눈으로 읽는 성경

———— PRIMUS ————

박민근 글 | 신현욱 그림

영국의 극작가 도로시 세이어스는 현대인이 기독교를 지루하게 느끼는 이유는 교회가 옛 교리를 가르치기 때문이 아니라 오히려 교리를 무시하기 때문이라는 따끔하면서도 도발적인 진단을 내렸다. 달리 말하자면 교회에 필요한 것은 교리를 대신할 수 있는 재미있고 실용적인 프로그램이나 첨단의 교수법이 아니라, 기독교의 핵심 가르침을 마음에 새롭게 심어 줄 수 있는 신학적 상상력과 언어이다. 그런 의미에서 『조직신학의 눈으로 읽는 성경』은 오늘날 한국 교회에 꼭 필요한 책이다. 이 책은 성경의 핵심 주제 속에 담긴 교리적 함의를 참신하게 풀어내는 글과, 이를 흥미롭게 시각화하여 보여주는 그림이 절묘하게 조화를 이루면서 독자에게 성경의 낯선 세계를 친절하게 설명해 준다. 기독교가 괜히 거북하고 어렵게 느껴지거나, 성경을 읽어도 그 내용이 제대로 파악되지 않거나, 교리를 설명하다 울렁증을 경험했던 이라면 남녀노소 할 것 없이 『조직신학의 눈으로 읽는 성경』을 통해 기독교의 진리를 새롭게 체험해 보길 바란다.

김진혁 | 횃불트리니티신학대학원대학교 교수

너무 방대해서 좀처럼 엄두를 못 내는 일을, 너무 복잡해서 길을 잃곤 했던 일을, 그러면서도 성경을 볼 때마다 하고 있었던 일을, 하지 않을 수 없는 일을 잘 해준 책이다. 전제 없는 성경 읽기가 없다면 건강한 전제를 갖고 시작하면 될 것이고, 정리 없는 성경 읽기가 아쉽다면 친절한 정리를 만나면 될 일이다. 이 책은 내적인 논리를 갖고 믿음의 이유를 나눌 수 있는 짱짱한 독자가 되도록 도울 것이다.

일목요연한 설명에 세련된 만화까지! 참 손이 많이 갔을 두껍지 않지만 꽤 무거운 책이다.

박대영 | 광주 소명교회 목사, 「묵상과 설교」 편집장

『조직신학의 눈으로 읽는 성경』에는 어렵고 딱딱한 신학적 주제들을 쉽고 재미있게 풀어내는 저자의 은사가 잘 반영되어 있다. 특히 청소년과 청년을 대상으로 이루어지는 교리 교육이나 교리 설교에 관심이 있는 분들에게 『조직신학의 눈으로 읽는 성경』은 적지 않은 도움이 될 것이다. 이런 의미에서 이 책은 목회 현장의 요구에 능동적으로 응답하는 '현장을 위한 신학'의 귀한 열매라고 말할 수 있다. 이 책을 통해 성도들이 성경 말씀을 깊이 있고 체계적으로 공부하길 기대한다.

안상혁 | 합동신학대학원대학교 교수

이단의 미혹이 거센 시대이다. 많은 사람이 이단에 빠지거나 거짓 가르침으로 인해 혼란을 겪고 있다. 교리의 부재가 이단에 빠지는 원인의 전부는 아니지만, 바른 신학과 교리로의 무장은 가장 좋은 이단 대처법이다. 조직신학은 특정인의 전유물이 아님에도 성도들 입장에서 선뜻 다가서기 어려운 영역이다. 이 간극을 메워줄 좋은 선물이 주어졌다. 쉽고 간결하지만 결코 가볍지 않은 이 책이 성도들의 '신학함'을 도울 좋은 도구가 되길 바란다.

조믿음 | 이단 사이비 전문 언론 「바른미디어」 대표

도대체 어떤 왕이기에 자신의 제국을 확장하기 위해 백성의 생명을
요구하지 않고, 오히려 그들을 위해 자신의 생명을 내준단 말인가?

서부 웨스트민스터 신학교Westminster Theological Seminary에서 조직신학을 가르
치는 마이클 호튼Michael S. Horton 교수가 『기독교 신앙의 핵심』에 쓴 글입니
다. 저는 이 한 문장만으로도 저자가 예수 그리스도에 대해 얼마나 뜨거
운 고백을 하는지 고스란히 느낄 수 있었습니다. 이것은 저자가 '기독론'
이라는 교리를 논증하던 중에 터져 나왔기에 더욱 특별합니다. 이러한 뜨
거운 고백은 저절로 생기는 것이 아니라 치밀하게 그리스도를 고찰하다
가 나오는 것이기 때문입니다. 조직신학 혹은 교리를 배우는 모든 신자에
게 이러한 감동과 뜨거움이 주어질 수 있다는 믿음으로 이 책을 집필했습
니다.

오랜 시간 동안 조직신학은 냉철한 지적 논증이요, 신학자의 전유물인
것처럼 여겨져 왔습니다. 그러나 이것은 하나님을 알고자 하며 믿고자 하
는 모든 성도에게 공개되어야 할 보물창고이며, "마음을 다하고 지혜를 다

하고 힘을 다하여 하나님을 사랑하는(막 12:33)" 신자의 마땅한 반응이기도 합니다. 다소 낯설고 높은 장벽으로 여겨졌던 조직신학의 귀한 영적 자산들을 아동, 청소년으로부터 청년, 어르신에 이르기까지 모두가 쉽게 누릴 수 있어야 합니다. 그래서 이 책은 신앙의 연수 혹은 연령과 상관없이 하나님을 알고자 하는 사람이라면 누구나 읽고 하나님의 보물창고를 맛볼 수 있기를 바라는 마음으로 구성했습니다.

『조직신학의 눈으로 읽는 성경』이라는 제목처럼 모든 장은 하나의 '성경' 본문에서 출발합니다. 많은 분들이 어려워하고 낯설어 하는 조직신학의 주제들 — 그리스도의 양성, 칭의, 성화, 삼위일체 등 — 은 신학자들의 지적 산물이 아니라 누구나 성경을 깊숙이 들여다보았을 때 자연스레 마주하게 되는 개념이라는 것을 전달하기 위해서입니다. 익숙한 성경 본문을 통해 묵직한 교리를 정리하면 더 쉽고 깊이 이해하게 될 것입니다. 또한 매 장이 끝날 때마다 '5분 조직신학' 난에 전반적인 내용을 정리하고, 이해에 필요한 필수 개념들과 다양한 참고 도서들을 소개했습니다. '한 걸음 더 조직신학' 난에는 주일학교나 소그룹에서 활용할 수 있도록 질문들을 수록했습니다. 공동체 안에서 함께 나누고 토론하면 본문의 내용을 더 단단히 다질 수 있을 것입니다.

이 책은 전 2권으로 기획되었습니다. 첫 번째 책은 총 16장으로 각 장의 제목은 일상적인 말로 풀었지만 신론과 성경론, 하나님의 작정을 비롯한 창조와 섭리, 죄 그리고 기독론의 일부가 담겨 있습니다. 2권에서는 기독론의 또 다른 부분과 성령론, 교회에 대한 전반적인 개념들, 그리고 신자의 실재를 이야기하는 칭의와 성화, 성례, 종말을 다루게 됩니다. 또한 성경에 흐르는 큰 줄기를 따라 조직신학의 주요 내용을 살펴볼 수 있도록 말미에 언약에 대한 총론적인 개념을 추가 소개했습니다.

전체적인 순서는 전통적인 조직신학 가르침을 따랐으나 필요에 따라서는 임의적으로 순서를 변경하였습니다. 밑바탕을 깔아주는 기초공사적인 성격의 입문서이기에 조직신학의 모든 개념이 상세히 등장하지는 않으나, 일단 이 책에서 소개하는 개념만큼은 확실하게 전달하고자 노력했습니다. 그리고 각 장의 중심 구절은 조직신학에서 전통적으로 인용하는 구절과 다소 차이가 있는데, 조직신학에 입문하는 누구나 어렵지 않게 이해하기를 바라는 마음에서 널리 익숙한 본문들을 배치했기 때문입니다. 몇몇 독자분들은 "어! 신론에서 왜 이 본문이 등장하지?" 이런 의문을 가지실 수 있습니다. 이를 해당 신학 개념에 대한 전통적인 중심 구절로 다가가기 위한 시작 구절Starting Point로 이해하시면 좋겠습니다.

이 시리즈는 글과 그림이 주는 각각의 이해와 감성이 어우러지고 보완되면서 가져올 전인격적인 반응을 추구한 작업이기에 기존의 다른 조직신학 책과는 확연히 다를 것입니다. 기발하고 재미있으면서도 신학적 의미가 묵직하게 담겨 있는 신현욱 목사님의 그림은 내용을 이해하는 데 큰 도움을 줄 것입니다.

이 책은 저만의 작품이 아니고, 저에게 영적 자양분을 남겨준 신앙의 선배들과 저를 가르쳐주신 모든 스승님들, 사랑하는 성도님들, 특히 가족들로부터 공급받은 많은 것들이 담겨 있습니다. 궁극적으로 은혜와 지혜의 원천이신 하나님께 모든 영광이 있기에 이 책을 통해 하나님이 전해지기를 바랄 뿐입니다.

2020. 1 박민근

차례

1장

주의 영광 온 땅에 가득해

조직신학이 왜 필요할까?

여호와께서 어찌하여 우리에게 오늘
블레셋 사람들 앞에 패하게 하셨는고 여호와의 언약궤를
실로에서 우리에게로 가져다가 우리 중에 있게 하여
그것으로 우리를 우리 원수들의 손에서 구원하게 하자 하니

사무엘상 4:3

사탄의 전략은 나날이 교묘해집니다. 네로 황제의 로마 시대처럼 '교회 밖'
으로부터 대대적인 박해는 없지만 '교회 안'에 훨씬 치명적인 독소를 심어
놓았습니다. 그것은 하나님의 이름을 정면으로 공격하지 않으나 하나님의
이름을 사소하게 만드는 것입니다.[1]

우리 시대는 이러한 사탄의 전략이 제대로 효과를 발휘하고 있습니다. 사
람들은 하나님의 이름을 부정하지 않지만 공경하지도 않습니다. 하나님은
인정하지만 우리 삶의 '주인'으로는 여기지 않습니다. 사무엘상 4장은 이
를 잘 보여줍니다.

이스라엘과 블레셋의 전투를 다루는 사무엘상 4장은 조금 특이한 면이 있
습니다. 전쟁 이야기인데 전쟁의 기본 요소에는 관심이 없습니다. 군사력
이나 전략, 전술 등은 언급하지 않습니다.

이 본문은 '전투와 전략'보다는 '이스라엘이 하나님을 어떻게 대하고 있는가?'에 초점이 맞춰져 있습니다. 맥락 없이 벌어진 전투와 이스라엘의 패배 선언이 갑작스러울 수 있지만, 이는 하나님을 우습게 여겨온 이스라엘의 누적된 죄의 결과를 보여주는 것입니다.

당시는 "왕이 없으므로 사람이 각기 자기의 소견에 옳은 대로"(사사기 21:25) 행하던 '사사 시대'로부터 연결됩니다. 우리가 잘 알고 있듯이 사사 시대가 혼란했던 이유는 왕이 없어서가 아니라 이미 계신 하나님을 왕으로 여기지 않았기 때문입니다.

하나님을 업신여기고 제멋대로 살았던 모습은 그대로 계승되어 제사장 엘리는 계시에 어두워지고, 두 아들 홉니와 비느하스는 제사를 우습게 여겼습니다. 하나님은 계셨고 하나님을 향한 제사도 있었으나 하나님은 경배의 대상도 관심의 대상도 아니었습니다.

타락한 이스라엘 백성들에게 하나님은 엄중히 경고하셨으나 — 이 경고도 이스라엘을 바른길로 돌이키시려는 아버지의 마음이 담긴 부르짖음이건만 — 회개하고 돌이키는 모습은 없었습니다. 하나님은 그들 중에 계시지만 그들의 중심에는 없었습니다. 하나님을 사소하게 취급한 것입니다.

블레셋과의 전투에서 패배한 것은 이러한 죄가 가져온 당연한 결과였습니다. 하나님이 왕으로서 그들의 중심에 있을 때에는 나팔만 불어도 적군의 성이 무너졌지만(여호수아 6장), 왕이신 하나님을 하찮게 여기며 구석으로 몰아넣은 이들에게 부요함과 승리가 있을 리는 만무했습니다.

여호와께서 어찌하여 우리에게 오늘 블레셋 사람들 앞에 패하게 하셨는고 여호와의 언약
궤를 실로에서 우리에게로 가져다가 우리 중에 있게 하여 그것으로 우리를 우리 원수들의 손
에서 구원하게 하자 하니 사무엘상 4:3

그때 이스라엘은 각성하는 모습을 보입니다. 드디어 하나님을 그들의 중
심에 두는 것일까요? 그들은 다시 전쟁에서 승리하게 되었을까요?

언약궤를 메고 당당하게 나간 이스라엘의 2차전은 예상과 달랐습니다. 1차전보다 7배에 달하는 큰 사상자를 내며 대패하고 맙니다. 전쟁에 언약궤를 들고나가는 웅장하고 대단한 신앙심을 표현했는데 왜 대패했을까요? 겉보기와 달리 실상은 여전히 하나님을 하찮게 여겼던 것입니다.

그들이 언약궤를 멘 것은 하나님을 왕으로 모셨기 때문이 아닙니다. 이방인처럼 승리를 위한 부적으로 여긴 것에 불과합니다. 그들에게 하나님은 '왕'이 아니라 승리를 가져다줄 전략적 도구였을 뿐입니다.

이스라엘은 하나님을 자신들의 왕이나 아버지처럼 인격적으로 대하며 공경하지 않았습니다. 전쟁의 승리와 같은 목적을 위해 기계 다루듯 이용했습니다. 선한 왕, 진리의 아버지로 오신 하나님을 이렇게 도구 취급하는 것은 경멸 그 자체였습니다.

지금 우리의 모습은 어떤가요? 교회는 수도 없이 많고, 인터넷으로 유명한 설교자의 설교를 골라들을 수 있습니다. 그래서 로마 시대처럼 핍박당하던 때보다는 훨씬 나은 시절 같습니다. 제사장도, 제사도, 언약궤도 충분히 많아 보입니다.

겉보기에는 교회도 많고 하나님의 이름이 거부당하지 않는 것 같습니다. 하지만 그 속을 찬찬히 들여다보십시오. 하나님은 공적 영역에서 밀려나 주일 하루와 개인적인 믿음의 대상으로만 자리하고 있지 않나요? 그래서 우리의 신앙은 교양활동으로 전락해 버리지 않았나요?

하나님을 사소하게 여긴 결과 성경의 진리는 굉장히 희석되었습니다. 제임스 패커James Packer의 지적대로 '우리는 다윗을 통해 용기, 리더십, 우정에 대해서는 가르치지만, 정작 하나님과 그리스도를 가르치지는 않아' 성경은 일반교양이자 단순한 도덕책이 되어 버렸습니다.

눈에 보이는 것보다 훨씬 심각하게 하나님의 이름은 무게를 잃어가고 있습니다. 성경은 손에 들려 있고 사방에 널려 있으나 읽지 않습니다. 성경이 없어서 읽지 못했던 종교개혁 이전 시대와 별반 다를 것이 없어 보입니다. 우리는 어떻게 해야 할까요?

의외로 답은 단순합니다. 이스라엘처럼 왕을 요구하지 말고 이미 계신 왕을 알아보는 것입니다. 자기 소견의 옳은 대로 행할 것이 아니라 이미 주어진 진리를 배워 바른길을 알아 가면 되는 것입니다.

감사하게도 신앙의 선배들은 교회 역사가 흐르는 내내, 우리가 하나님에 대해 체계적으로 배울 수 있는 방편들을 만들어놓았습니다. 인간의 왜곡된 죄성을 인식하여 자기 소견과 성향대로 성경을 보지 않고, 곁길로도 가지 않도록 말입니다. 우리는 그것을 신앙고백이요, 교리요, 또한 신조라고 합니다.

그리고 신앙고백과 교리를 집대성하여 하나님에 대해 체계적으로 가르치는 학문이 이른바 조직신학입니다. 하나님의 영광과 교회의 순결함을 위해 고민한 결과 조직신학은 만들어졌습니다.

성경이 절대 진리로 인정받지 못하고 교양의 한 부분이 되어 버린 이 시대에, 삶의 중심이자 왕이신 하나님의 이름을 지키기 위해 마음과 지성을 다하여 연구한 이 결과물들은 모든 성도에게 필요한 영적 기틀입니다. 이 기틀을 잘 세우면 교회와 성도가 하나님의 영광을 드높이게 될 것입니다.

조직신학이
왜 필요할까?

혹자는 조직신학이라는 학문이 과도한 지적 활동의 산물이라고 말한다. 이미 성경이 완성된 형태로 있는데, 그것을 사람이 별도의 목차와 주제를 만들어 재정리하는 것이 성경의 권위보다 인간의 이성과 능력을 더 신뢰하는 것처럼 보여 우려하는 것이다. 그러나 조직신학은 단지 지성적 탐구와 논리에 심취한 학자들이 만들어 낸 굳이 필요 없는 이성적 산물이 결코 아니다. 오히려 조직신학은 성경 전체를 하나님의 계시로 온전히 신뢰하기 때문에 나온 학문이다. 살아계신 하나님께서 분명하고 완전하게 자신의 뜻을 보여주신 것에 대한 확고한 믿음이 있기 때문에, 구약과 신약에 동일하게 나타나신 하나님과 그분의 변치 않는 계획과 목적, 그리고 그것을 이루어 가는 방법에 대해 논리적이고 일관성 있게 정리할 수 있었던 것이다.

조직신학은 대부분 이단들에 대항하여 교회를 보호하기 위해 성경이 말하지 않는 것, 즉 성경의 진리에서 벗어난 것들을 분별하고 연구하며 집대성되었다. 이는 이단에 대한 방어를 넘어서, 교회 안의 성도들에게 성경 전체를 보는 해석의 틀과 개인이 스스로 파악할 수 없는 부분들에 대해 안전한 해석의 뼈대를 제공함으로써 개인과 교회가 일관성 있는 믿음의 내용을 갖게 해 준다. 더불어 조직신학이 갖추어 놓은 주제별 구분과 정리는 믿지 않는 이들에게 하나님을 알려주고, 비신자들과 대화의 접점을 만드는 데 기여하는 등 선교적 역할도 톡톡히 수행한다. 이에 대해 레이몬드 Robert L. Reymond는 그의 조직신학 서문에서 다음과 같이 탁월하게 정리했다.

> 거룩한 진리에 관한 성경 전체의 통합적인 부분으로서 조직신학은 성경 그 자체의 신학적인 주제들, 곧 하나님, 인간, 그리스도, 구원, 교회, 종말 등의 주제를 다룬다. 또한 이 신학의 범주 안에는 신자들의 삶의 형태와 연결되는 것(개인적, 사회적 윤리)과 교회 밖의 사람들에게 기독교 진리를 제시하는 것(변증학) 등이 포함된다.[2]

조직신학은 하나님과 교회에 대한 사랑과 진리를 전파하고 싶다면 고민할 수밖에 없는 성도의 문제들을 다룬다. 하나님이 우리 삶의 중심에 계신 것과, 성경이 우리 삶의 총체적 진리로서 이생과 내생의 참 지식과 소망인 것을 일목요연하게 보여주는 귀한 안내자이다. 모든 가치를 자기 스스로 자의적으로 정하며 절대 진리 없이 모든 것을 상대화하면서 정당화시키는 이 시대, 하나님의 이름마저 상대화되고 가벼워진 지금, 변치 않는 하나님의 권위와 왕 되심을 또렷하게 말할 수 있는 우리들이 되기를 소망한다.

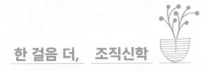

한 걸음 더, 조직신학

❶ 전투에 언약궤를 메고 나아갔음에도 불구하고 이스라엘이 패배한 이유는 무엇입니까?

❷ 이스라엘이 하나님을 도구로 여긴 것과 같은 모습이 우리에게도 있지 않습니까?

❸ 수많은 교리들과 체계적 신학은 어떠한 필요로 발전되어 왔습니까? 그러한 교리와 신학이 우리에게 주는 유익은 무엇입니까?

2장

위대한 하늘 이야기

조직신학의 안경으로 읽는 성경

그의 이웃 여인들이 그에게 이름을 지어 주되
나오미에게 아들이 태어났다 하여 그의 이름을 오벳이라 하였는데
그는 다윗의 아버지인 이새의 아버지였더라

룻기 4:17

너네 교리 무시했냐?!

도로시 L. 세이어스

교회가 쇠락해가던 20세기 중반 유럽에서는 '교회가 교리 같은 것만 가르치니 지루해진다'라는 비판이 왕성했습니다. 그러한 때에 도로시 세이어즈[3]는 촌철살인의 명언을 남깁니다. "교리 때문에 지루하다고? 정반대다. 교리를 무시하기 때문에 지루함이 생기는 것이다."[4]

교회는 엄청난 하늘의 이야기를 손에 쥐고 있지만 그것을 선명하게 보여줄 수 있는 교리라는 안경을 잃어버렸습니다. 그래서 하늘의 이야기는 누구나 말할 수 있는 땅의 이야기로 격하되었습니다. 땅의 이야기가 하찮다는 것이 아니라 하늘과 이어지는 이음새를 놓쳐 버린 것이 안타까울 뿐입니다.

교리의 우월성을 말하려고 하는 것은 아닙니다. 교리 역시 '오직 절대 진리'인 성경의 부산물입니다. 그럼에도 불구하고 이토록 강조하는 것은 교리라는 영적 안경이 성경을 명언 모음집이나 도덕책으로 전락시키지 않고 하늘의 이야기로 볼 수 있게 해 주기 때문입니다.

구약 성경의 '룻'의 이야기가 대표적인 예시입니다. 보통 사람들이 룻이라는 이름을 들으면 '광대한 영적 진리'를 생각할까요, 아니면 '좋은 며느리', '성실'과 같은 교훈을 떠올릴까요? 윤리적 교훈이 가치 없다는 것은 아닙니다. 다만 하늘의 이야기가 이 땅의 윤리적 차원에서 멈추는 것이 안타까운 것입니다.

「룻기」는 성실한 과부가 부유한 땅 주인을 만나 결혼하여 '인생은 한방'이라는 것을 보여주는 행운의 이야기가 아닙니다. 이 땅의 윤리, 도덕, 처세를 알려주는 책도 아닙니다. 「룻기」를 이렇게 읽는 것이 바로 교회를 '지루하게' 만드는 독소입니다.

룻기는 땅의 지루함을 벗어나 초월적 역사를 이루시는 하나님의 이야기입니다. '성경 전체를 하나님의 계시로서 온전히 신뢰'함을 고백하며 정리된 교리의 안경을 쓰고 룻기를 읽어봅시다. 한 여인의 가정사일 뿐인 이 에피소드 안에는 어떤 특별함이 있을까요?

롯은 혼란스러운 '사사 시대'를 살았습니다. 외세의 침략과 내부적 타락을 반복하며 혼란의 극치를 달리던 때였습니다. 하나님께서 기드온, 삼손, 에 훗 등 12명의 지도자들을 세우셨으나 잠시 잠깐의 회복만 있었을 뿐입니다.

타락의 반복은 비단 사사 시대만의 문제는 아니었습니다. 풍족했던 에덴동산의 아담으로부터 시작된 타락은 노아의 방주로 새로운 출발을 하는 듯했습니다. 하지만 불과 몇 세대 후 인류는 바벨탑이란 오만과 반항의 탑을 세웁니다.

하나님은 아브람을 불러 '열국의 아버지^{아브라함}'로 세우시고, 이스라엘이란 나라를 이루셨습니다. 이집트에서 긴 세월 종살이를 했던 이스라엘을 모세를 통해 구원하시고 자유를 주셨고, 이집트에서의 노예 계약과 달리 결혼 서약과 같은 십계명을 주셨습니다.

그렇게 약속과 자유가 보장되었을 때 그들은 마음속의 우상을 금송아지로 만들어 그 앞에 절을 합니다. 외적 속박은 풀렸을지 모르나 죄에 갇힌 내면의 속박은 여전히 그들을 움켜쥐고 있었던 것입니다. 40년간 지속된 광야 훈련은 죄악의 끈질김을 잘 보여줍니다.

모세와 여호수아의 죽음 이후 맞이한 사사 시대는 전례 없던 타락의 시대가 아닙니다. 이제껏 반복되고 지속되었던 타락이 누적되어 펼쳐진 것뿐입니다. 그 역사의 뒤안길에 '룻'이 있었습니다. 한 여인의 가정사라고 보기에는 사뭇 무게가 실린 등장 아닌가요?

이런 악조건 속에서 룻의 행보는 범상치 않습니다. 며느리로서의 책임감을 넘어 시어머니가 섬기던 하나님께 신뢰를 두고 발걸음을 옮깁니다. 그녀가 보아스와 연결된 것(룻기 3:13)은 단지 운 좋은 기회가 아니라 이스라엘의 법에 따라 정당하고 인격적으로 이루어진 것입니다.

룻이 이르되 내게 어머니를 떠나며 어머니를 따르지 말고 돌아가라 강권하지 마옵소서 어머니
께서 가시는 곳에 나도 가고 어머니께서 머무시는 곳에서 나도 머물겠나이다 어머니의 백성이
나의 백성이 되고 어머니의 하나님이 나의 하나님이 되시리니 룻기 1:16

룻은 하나님을 신뢰함으로 행보를 정했고 하나님의 법은 그녀를 보호했습니다. 룻은 '유다 족속' 보아스와 결혼해서 아들 '오벳'을 낳았습니다. 아직도 룻은 그저 이방 여인이고, 보아스는 유다 족속일 뿐인가요? 이 부부가 낳은 아들의 이야기에 아무런 감흥이 없으신지요?

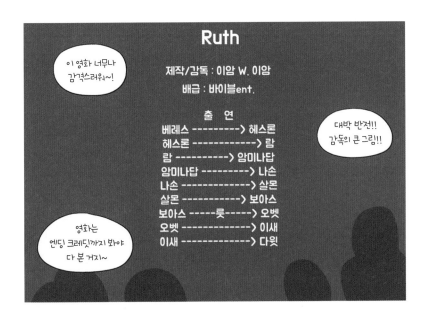

룻과 보아스가 낳은 아들은 '다윗'의 할아버지인 오벳입니다. 타락의 반복 속에서 갑자기 등장하는 다윗의 이름이라니요! '다윗의 자손'을 통하여 '예수 그리스도'가 이 땅에 오심을 안다면, 한 여인의 행복한 결혼 이야기 안에 심어져 있는 커다란 그림자를 볼 수 있을 것입니다.

인강: 바이블 수학1

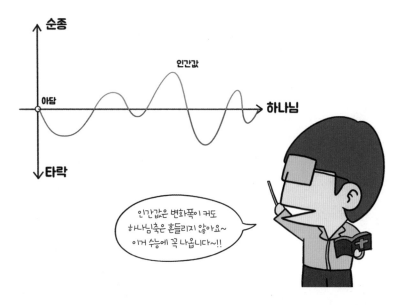

다윗의 이름을 보자마자 우리는 역사를 되짚게 됩니다. 타락이 반복될 때 하나님은 '아이고, 또 실패했네.'라고 하시지 않았습니다. 차선으로 플랜 B 를 택하여 역사를 진행하시지도 않았습니다. 아담이 타락할 때 이미 '여자 의 후손(창세기 3:15)'이 구원자로 올 것을 책임 있게 선언하셨습니다.

홍수로 세상을 심판하신 후에도 하나님은 여전히 인간을 '하나님의 형상
(창세기 9:6)'이라 부르시고, '생육하고 번성(창세기 9:1)'할 것을 다시금 명
하시면서 변치 않는 애정과 계획을 보여주셨습니다. 자손 없는 아브라함에
게 아들을 허락하심은 '여자의 후손'을 보내겠다는 약속의 이음새였습니다.

12명의 사사를 보내도 반복해서 죄를 짓던 사사 시대, 가망 없어 보이는 인간의 형편없고 어두운 역사의 뒷길에서 하나님은 룻을 통해 '여자의 후손' 구원자 예수 그리스도를 보내실 계획을 신실하게 실행하고 계셨습니다!

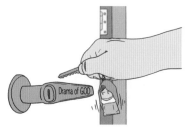

「룻기」는 효도하는 며느리를 본받으라는 교훈적인 이야기가 아닙니다. 세상의 판도를 바꿀 구원자에 대한 예고편이며 어둠 속에서 빛줄기를 보는 반전 드라마입니다. 교회가 이러한 격동의 드라마를 풀어내지 못하고 누구나 아는 상식 수준의 교훈만 골라낼 때 성경은 지루해지는 것입니다.

우리에게 '기독론', '구원론', '구속사', '언약'과 같은 단어들은 친근하지 않습니다. 그러나 룻의 족보에 '언약'이라는 현미경을, 사사 시대 한 여인의 인생에 '구속사'라는 망원경을 씌울 때, 효녀 룻의 이야기는 그리스도와 구원에 대한 이야기로 변신하여 '기독론'과 '구원론'의 토대를 제공합니다.

성경에는 이같이 광대한 하나님의 역사가 무수히 기록되어 있습니다. 감사하게도 신앙의 선배들은 하나님의 격동의 드라마를 볼 수 있도록 교리라는 이름의 안경과 뼈대를 물려주었습니다. 그리고 그러한 교리는 '조직신학'이라는 이름으로 체계적으로 구성되어 발전을 거듭해왔습니다.

그 안경의 이름은 '칭의', '성화'와 같은 낯선 용어들이지만, 이면에는 하나님의 드라마를 보여주고자 하는 뜨거운 믿음이 있습니다. 이 안경이 없다면 성경은 지루한 일상 이야기로 자주 전락할 수 있습니다. 이제 조직신학의 안경을 쓰고 66권으로 흩어져 있는 하늘의 이야기를 하나님의 뜻 안에서 모아보도록 합시다!

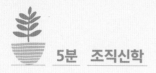

조직신학의
안경으로 읽는 성경

　도로시 세이어즈가 맞닥뜨린 비판과 고민을 지금 우리 시대도 겪는다. 비슷한 맥락에서 현대 교회들은 자성의 목소리로, 사람들이 교회에 흥미를 잃어버리는 것에 대해 다음과 같이 말한다. "교회가 너무 성경만 가르친다. 다양한 프로그램 도입이 시급하다."[5] 필자는 이에 대해 세이어즈의 말을 변형하여 돌려주고 싶다. "교회가 성경만 가르쳐서 지루하다고? 정반대다. 성경을 제대로 못 가르치기 때문에 사람들이 흥미를 잃는 것이다."

　앞선 설명처럼 「룻기」를 읽고 효도 이야기만 하거나, 다윗을 보며 우정만 강조하고, 오병이어를 '작은 것을 투자했더니 큰 이익으로 돌려주셨다'라고 해석하는 것은 매우 사소한 적용에 불과한 것이다. 이러한 왜곡과 부작용을 타파하기 위해서는 성경을 하나님의 의도대로 읽을 수 있게 도와주는 안내자가 필요하다. 조직신학은 성경을 주제별로 읽고 통론적으로 파악하도록 훌륭한 잣대를 제공한다. 다른 분야를 격하하거나 조직신학만 높이는 것이 아니다. 조직신학의 필요성 역시 뜨겁게 하나님을 바라보는 것에 있음을 강조하기 위함이다. 이러한 인식이 없어서 조직신학을 오해하고 외면하는 이들을 향해 웨스트민스터 신학교의 마이클 호튼은 다음과 같이 지적한다.

하나님과 관련해서 사람들은 종종 신학과 관계없이 하나님과 개인적 관계를 갖는 것이 가능하다고 상상한다. 사실 일부 그리스도인들은 교리를 아는 것과 실제 삶은 서로 경쟁 관계에 있다고 생각한다. 교리와 삶, 신학과 제자도, 아는 것과 행하는 것, 이론과 실천의 현대적 이분법은 교회의 생활과 세상 속에서의 교회의 증언에 파괴적인 결과를 가져왔다. 나는 먼저 신학의 본질과 목표와 방법에 대한 현재 통용되는 가정을 바꾸어 놓음으로써 조직신학에 대한 일부 독자들의 생각을 바꾸어 놓기를 희망한다.[6]

성경은 광대하신 하나님에 대한 이야기이다. 그리고 우리를 향한 하나님의 이야기이다. 그것을 체계적으로 정리한 교리와 조직신학의 명제들은 결코 차가울 수 없으며, 오히려 우리에게 하나님을 향한 뜨거운 사랑과 인격적 책임을 수반한 삶의 변화를 요구할 것이다.

"제 의도는 조금이라도 하나님에 대해 선한 마음을 품는 사람들에게 몇 가지 기본 골격을 가르쳐서 그들을 참된 경건으로 교육받게 하는 것이었습니다."

– 존 칼빈 Jean Calvin, 『기독교 강요』 프랑스어 초판에서 왕을 향해 저술 동기를 외치며.

❶ 성경을 보는 데 있어서 교리나 신학은 어떤 역할을 합니까?

❷ 룻기는 우리 삶에 대해 일반적인 교훈도 많이 제시합니다. 하지만 '교리의 안경'을 쓰고 볼 때 룻기에서 가장 중요한 주제는 무엇입니까?

❸ 성경은 단순한 명언 모음집이 아닌 하늘의 일에 대한 기록입니다. 성경에서 중요하게 다루고 있고, 66권 전체가 일관성 있게 증거하는 주제는 무엇입니까?

3장

하나님을 아는 지식

신론

그 주인이 이르되 잘하였도다 착하고 충성된 종아
네가 적은 일에 충성하였으매 내가 많은 것을 네게 맡기리니
네 주인의 즐거움에 참여할지어다 하고

마태복음 25:21

성경에서 드러나는 많은 개념들은 "하나님과 어떤 관계에 있는가?"로 설명 수 있습니다. 죄는 하나님에게서 벗어남이고, 구원은 하나님과 함께 있음이고, 지혜는 하나님을 경외함이고, 기도는 하나님과의 대화입니다.

기독교 신앙에서는 도덕적 수양이나 규율을 지키는 종교적 행위보다는 하나님과의 관계가 가장 중요합니다. 성경의 첫 책인 「창세기」도 성도의 특징을 '하나님의 이름을 부름(창세기 4:26)', '하나님과 동행함(창세기 5:22, 6:9)'이라고 표현합니다.

교회 안에는 많은 원리와 운영 규칙들이 존재합니다. 이것들은 교회를 유지하고 우리의 행동을 설정하는 소중한 지침입니다. 하지만 이 모든 것은 하나님을 향한 우리의 반응이고, 하나님을 바르게 좇으려는 '부수적' 요소일 뿐, 그 자체가 신앙의 내용은 아닙니다.

신앙을 가르치는 데 있어서 우선되어야 할 것은 여타의 규칙과 원리에 앞서 '하나님' 자체에 대한 지식과 이해입니다. 신앙의 대상이자 관계의 대상이신 하나님을 제대로 모른다면, 그에 대한 반응인 우리의 행동이 결코 올바른 방향으로 갈 수 없기 때문입니다.

하나님에 대한 지식, 즉 '신론'이 조직신학의 첫 번째 주제인 이유가 여기에 있습니다. 그동안 우리는 '신론'을 신학자들을 위한 사변적인 지식으로 여겨왔습니다. 하지만 '신론'에 무관심한 것은 연애는 하되 상대가 누군지는 별로 알고 싶지 않다고 말하는 것과 같습니다.

마태복음 25장은 주님의 재림과 그날을 기다리는 성도에 대한 비유입니다. 그와 동시에 이 본문은 대상에 대한 잘못된 인식이 우리의 자세와 행동을 얼마나 치명적으로 왜곡시킬 수 있는지를 보여줍니다.

이 비유를 마주하는 사람들이 흔히 갖는 생각은 "주인이 처음부터 종들에게 돈을 균등하게 맡겼어야지 왜 다르게 나누어 준 거야?"라는 의구심입니다. 이 비유는 충분히 '차별'로 느껴질 수 있고, 한 달란트 받은 종의 행동에 정당성을 부여할 수 있습니다.

그런데 우리는 이 비유를 꼼꼼히 살피기도 전에 '차별'과 '불공정'이라는 선
입견을 갖고 있었던 것은 아닌지, 비유 속 주인의 의도를 내 잣대로 판단
한 것은 아닌지 돌아볼 필요가 있습니다.

먼저 1달란트의 의미를 살펴봅시다. 달란트 가치를 정확하고 일관되게 환
산하기는 어렵지만, 시대에 따라 적게는 30kg, 많게는 60kg의 금이나 은
으로 본다는 사료에 따르면, 당시 1달란트는 한 사람의 약 15년 치 연봉에
해당하는 큰돈이었습니다.

주인은 3명의 종 모두에게 엄청 중요한 것을 맡긴 것입니다. 우리는 모든 종들에게 중요하고 귀한 것을 맡긴 주인의 진지한 의도에 초점을 맞춰야 합니다.

주인이 종들의 재능대로(마태복음 25:15) 각각 다른 달란트를 나눠준 것은 차별이 아니라, '종들을 위한 것'이었습니다. 과도하게 가지고 있다가 감당하지 못해 무너지지 않도록 각자의 재능만큼 적절히 나눠주어 잘 관리할 수 있게 한 것입니다.

그만큼 주인은 종들에게 관심이 컸고, 그들을 잘 살펴보고 있었습니다. 주인이 달란트를 다르게 나눠준 것은 차별이 아니라 오히려 종들의 다양함을 인정하고 배려했기 때문입니다.

"주인이 종들을 위했다고? 그는 이윤을 못 남긴 종에게 바로 벌을 내리는 냉정한 주인이다." 아직도 이런 생각이 드는 분이 계시나요? 정말 한 달란트 받은 종이 질책을 받은 이유가 이윤을 남기지 못해서였을까요?

이번에는 주인이 분노한 이유, 종의 잘못이 드러나는 지점을 살펴봅시다. "주인이여 당신은 굳은 사람이라(마태복음 25:24)." 종은 주인을 오해하고 있었습니다. "주인님, 내가 알아요. 당신은 참 못된 사람입니다!"라고 말입니다.

종은 주인이 아무런 노력 없이 이윤만 챙기려는 사욕에 눈먼 사람이라고 말합니다. 이런 인식이, 괜히 맡겨진 돈을 잘못 건드렸다가 손해를 보는 것보다 원금이라도 잘 보존해놓으면 최소한 혼나지는 않을 것이라는 생각으로 이어진 것입니다.

주인은 종의 말을 듣고 슬퍼하며 분노합니다. 선한 사업으로 주변을 보살피고 그 기쁨과 즐거움에 동참하게 함으로 종의 인생을 가치 있게 만들어주려는 주인의 의도를, 단지 재산 부풀리기를 위한 것으로 왜곡했기 때문입니다.[7]

종이 혼나는 이유는 '이윤'때문이 아닙니다. "악하고 게으른 종아!" 주인의 선한 의도를 왜곡한 악함과 그 뜻에 동참하지 않은 게으름 때문이었습니다. 원금을 보존하기 위해 땅에 묻어둔 것은 성실함이 아닙니다. 의도와 방향성이 잘못되었다면 그것은 악이요, 게으름인 것입니다.

문제의 발단은 주인의 행동이 아니라 주인에 대한 종의 왜곡된 인식에 있었습니다. 주인의 선한 성품과 의도, 자신에 대한 애정을 전혀 바라보지 못했던 종은 주인을 악한 사람으로 여기며 그 핑계로 게으름을 피웠습니다.

결론은 앞서 이미 언급했습니다. "신앙을 가르치는 데 있어서 우선되어야 할 것은 '하나님' 자체에 대한 지식과 이해입니다. 신앙의 대상이자 관계의 대상이신 하나님을 제대로 모른다면, 그에 대한 반응인 우리의 행동이 결코 올바른 방향으로 갈 수 없기 때문입니다."

하나님에 대한 우리의 이해는 어떻습니까? 하나님의 선하심과 참된 의도, 우리를 향한 애정을 모르거나 오해한 채 우리는 바른길로 갈 수 없습니다. 이런 점에서 신론은 사변적 학문이 아니라 모든 성도를 위한 치열하고 실제적인 탐구 주제인 것입니다.

신론

조직신학에 대한 연구는 언제나 신론부터 시작한다. 만물의 창조자인 하나님을 제대로 알아야 만물의 창조 목적, 가치, 질서를 제대로 이해할 수 있기에 너무나 당연한 일이기도 하다. 신론은 이러한 점에서 대단히 중요하고 모든 신학의 기초가 된다. 안타까운 것은 한 달란트 맡은 종이 자신의 관점으로 주인을 판단한 것처럼, 우리도 스스로의 지식과 가치 판단에 근거하여 하나님에 대해 쉽게 결론 내리고 있다는 것이다. 그래서 성경이 말씀하고 있는 대로 하나님에 대해 가르치기보다, 자신이 원하는 대로 성경을 왜곡해서 해석하는 것을 쉽게 목격할 수 있다. 자신의 시점에서 해석된 하나님은 때로는 과격한 운동가, 때로는 전쟁을 방관하는 무능력자가 되어 급진적으로 받아들여지거나, 거부되거나, 그 본래의 선함이 퇴색되기도 한다.[8]

인간의 오만과 왜곡된 시각 속에서 하나님에 대한 이해가 오도되지 않도록 우리의 창조자요 주인이신 선한 하나님을 붙잡으려고 노력하는 것이 신론의 가치이자 목적일 것이다.

한 걸음 더, 조직신학

❶ 성경의 개념들은 하나님과의 관계 속에서 설명할 수 있는 것이 많습니다. 그렇다면 '죄', '구원', '기도'는 각각 어떻게 설명할 수 있습니까?

❷ 달란트 비유에서 종들을 향한 주인의 사랑과 신뢰는 어떤 모습으로 나타 납니까? 그리고 1달란트 받은 종의 결정적인 잘못은 무엇입니까?

❸ 하나님에 대해 탐구하는 '신론'의 중요성은 무엇입니까? 그리고 우리는 어 떤 관점에서 하나님을 알아가야 합니까?

4장

받아들일 뿐

성경

너를 낮추시며 너를 주리게 하시며 또 너도 알지 못하며
네 조상들도 알지 못하던 만나를 네게 먹이신 것은
사람이 떡으로만 사는 것이 아니요
여호와의 입에서 나오는 모든 말씀으로 사는 줄을
네가 알게 하려 하심이니라

신명기 8:3

'만나'는 이스라엘 백성들에게 식품 이상의 의미였습니다. 농사를 지을 수 없는 광야에서 유목민으로 살아가던 이들에게 40년간 부족함 없이 주어졌기에, 이스라엘 백성들은 만나를 통해 하나님의 전능을 실감하고 하나님이 자신들을 책임지신다고 확신할 수 있었습니다.

또한 만나를 통해 이스라엘의 실상이 고발되기도 했습니다. 은혜가 거저 주어져도 타락하고야 마는 인간의 모습이 적나라하게 드러났기 때문입니다. 우리는 원하는 삶의 환경이 충족되면 더 나은 행동을 할 거라고 생각합니다. "먹고 살 걱정이 없는데 내가 왜 이런 행동을 하겠어!"라고 말입니다.

그러나 이스라엘 백성들의 광야 40년은 우리에게 인간은 먹고 살 걱정이 없어도 죄를 극복하지 못한다는 것을 분명히 보여 줬습니다. 죄의 원인은 외부적 조건에 있지 않습니다. 하나님을 향해 뒤틀려 있는 인간 내부의 심령에 있습니다.

그래서 이스라엘 백성에게 필요한 것은 환경의 개선이 아니라 하나님과의 관계 개선이었습니다. 어떠한 상황에서도 죄와 타협하지 않는 거룩한 심령이었습니다. 그래서 가나안 진입을 앞둔 이스라엘 백성에게 하나님은 광야 40년을 회고하며 이렇게 말씀하셨습니다.

… 사람이 떡으로만 사는 것이 아니요 여호와의 입에서 나오는 모든 말씀으로 사는 줄을 네가 알게 하려 하심이니라 신명기 8:3

떡이 아니라 떡을 주시는 하나님을 바라보아야 한다는 것입니다. 하나님이 주시는 영의 양식인 말씀을 먹는 것이야말로 이스라엘 백성이 진정 번영할 수 있는 길이라는 것입니다.

하나님의 말씀은 하나님의 성품과 지혜가 반영된 것으로 단순한 '조언'이나 '어록'이 아니라, 인간을 타락에서 구원으로 이끄는 '절대적인 진리'입니다. 하나님의 말씀은 우리가 하나님을 바르게 알게 하고, 죄에서 해방되어 구원으로 가는 길이 무엇인지 알려주는 신의 메시지입니다.

감사하게도 하나님은 당신의 말씀을 '기록'하여 '보존'되도록 하셨습니다.
신의 메시지를 이해할 수 있도록 언어로 풀어주시고, 망각과 변덕을 반복
하는 인간을 위해 잊어버리거나 변질시키지 않도록 기록된 형태로 말씀을
주신 것은 하나님의 큰 배려입니다.

하나님의 말씀은 오랜 세월 동안 모세를 비롯한 여러 선지자들을 통해 이스라엘에게 전해졌습니다. 말씀을 기록한 저자들은 시대와 신분과 지적 능력이 달랐지만, 기록된 내용은 통일성이 있고 메시야라는 한 명의 구원자에 대한 예언으로 집결됩니다.

이렇게 오실 메시야에 대한 하나님의 약속이 담긴 경전을 구약(舊約)Old Testament이라고 합니다. 구약의 말씀은 내용의 신비한 통일성과 광대함을 통해 스스로 권위를 뿜어내지만, 그 절대적 무게에 대해서 메시야이신 예수 그리스도께서 직접 보증하셨습니다.

아얏~

예수님은 사탄에게 시험을 당하실 때 '기록되었으되(마태복음 4:4, 4:7, 4:10)…'라고 구약의 말씀을 인용하고 선포하시면서 사탄을 물리치셨습니다. 이렇게 예수님께서 구약 성경을 보증하신 것입니다.

예수님은 하나님 자신이기에 놀라운 기적을 보이실 수도 있었고, 직접 새로운 말씀을 하실 수도 있었습니다. 하지만 예수님은 기록된 구약을 인용하셨습니다. 그만큼 기록된 말씀이 하나님 자신의 뜻이며 이미 충분한 권위와 능력을 담고 있다는 뜻입니다.

말씀보다 자신들의 전통을 내세우던 바리새인들이 잠시 얻은 권위에 취해 얼마나 성경을 왜곡했고 스스로 타락했는지 우리는 잘 알고 있습니다. 하지만 영원한 권위자이신 예수님은 구약의 말씀으로 죄를 이기는 권세를 보여 주셨습니다.

더불어 이 무게 있는 구약의 말씀들은 부활하신 예수님을 통해 "너희에게 말한바 곧 모세의 율법과 선지자의 글과 시편에 나를 가리켜 기록된 모든 것이 이루어져야 하리라 한 말이 이것이라(누가복음 24:44)"라고 공언됨으로 그 신뢰도는 역사적 현장에서 검증되었습니다.

그 이후 교회 역사에서 사도들의 권위 아래 증언되고 기록된 말씀들은 예수님께서 직접 보장하신 대로 하늘의 권세를 펼치며 성부, 성자, 성령을 영접하는 통로가 됩니다.(마태복음 16:19, 사도행전 1:8)

베드로는 바울의 편지를 성경과 동등한 것으로 인정했고(베드로후서 3:16), 바울은 누가의 기록을 인용하며 성경이라 일컬었습니다(디모데전서 5:18, 누가복음 10:7). 사도의 권위 하에 쓰인 증언과 편지들이 하나님의 말씀으로 인정되며 신약(新約)New Testament으로 집결됩니다.

"성경 목록은 결국 교회들이 모여 정한 것 아닌가? 교회가 자신들에게 유리하도록 편집한 것이다."라고 말하는 이들도 있습니다. 그러나 교회 역사 가운데 정경^{canon}이 정해질 때, 성경에 대해 고백할 때 교회는 늘 이러한 표현을 사용했습니다.

"Received!"[9]

교회는 오랜 시간 누적된 광대한 역사와 문학의 통일성과 신적 지혜가 예수 그리스도를 중심으로 구약과 신약으로 이어지는 놀라움에 대해 인정하고 받아들일 뿐이었습니다.

교회는 이미 완전하게 갖추어진 성경의 권위를 인정하고 겸손히 그것을 말씀으로 받아들였을^{received} 뿐, 스스로 나서서 성경에 권위를 부여하거나 새로운 생각을 더하지 않았습니다. 인정할 수밖에 없는 권위 앞에 무릎을 꿇는 것이 성경에 대한 교회의 자세였습니다.

이스라엘에게 필요한 것이 떡이 아니라 하나님의 말씀이라는 사실은 지금
우리에게도 그대로 적용됩니다. 떡이 많아지면 배는 부를 수 있겠으나, 하
나님과의 관계가 개선되지는 않습니다. 하나님을 바로 알고 구원에 이르
기 위해 인간에게 하나님의 말씀은 떡보다 우선되어야 합니다. 거저 얻은
만나를 먹고 타락한 이스라엘을 잊지 말아야 합니다.

성경

> 성경은 그것이 하나님의 말씀이 될 수(become)있기 때문에가 아니라 그것
> 이 이미 하나님의 말씀이기(is) 때문에 받아들여져야 한다.[10]

종교개혁 이후 신앙고백의 광대한 집대성 중 하나인 웨스트민스터 신
앙고백서 1장에 대한 R. C. 스프로울Robert Charles Sproul의 해설이다. 성경은 그
내용을 비롯해 구성의 방식과 성취에 이르기까지 인간의 저작물을 넘어선
권위가 부여되어 있다. 교회는 그것을 전력을 다해 검토했으며, 자신들의
지혜를 넘어서서 선명히 발견되는 증거와 감동 앞에 성경을 하나님의 말
씀으로 받아들였다. 우리에게 하나님의 말씀은 교양 과목 중 하나가 아니
라, 삶 전체를 책임지는 근간이요, 진리인 것이다. 앞선 장들에서 이미 언
급한바 인간의 실패는 하나님과의 관계 실패에서 모든 것이 기원한다. 감
사하게도 하나님의 말씀은 그 실패의 기원을 알려줄 뿐 아니라 해결책까
지 제시하고 있기에, 인생의 근본을 깨닫게 하는 절대 필요의 지식이다.
물론 기독교가 사람의 기본적인 능력과 지혜에 대해서 전면 부정하는 것은 아니다. 그러나 세상을 편리하게 만드는 것과 죄 없게 만드는 것은 다르다. 우리는 방식만 달리할 뿐 끊임없이 죄악에 노출되고 결국 죽음에 이르는 인생을 극복하지 못하고 있다. 그러므로 우리에게는 사람의 지혜와 지식 이상의 것이 필요하며, 근본을 추측할 뿐만 아니라 근본에 대한 분명한 선언이 필요하다. 물론 인간은 자신들의 지혜와 능력으로 세상의 근본을 엿보고 역추적해 왔다. 하지만, 완전히 알기에는 여전히 충분치 못하다. 그래서 우리 신앙 선조들은 다음과 같이 고백했던 것이다.

사람들이 핑계하지 못하도록 본성의 빛과 창조와 섭리의 역사들이 하나님의 선, 지혜 그리고 능력을 그렇게 분명하게 나타낼지라도 그러나 그것들은 구원에 필수적인 하나님과 그의 뜻에 대한 지식을 주기에는 충분하지 못하다. 그러므로 주님께서는 여러 시대 다양한 방식으로 자기 자신을 계시하시고 그의 뜻을 자신의 교회에 선언하시기를 기뻐하셨다.[11]

사람의 이성과 지혜를 부정함이 아니다. 그것을 통해 하나님은 일반적인 섭리를 알게 하셨고, 기본적인 선과 악도 알게 하셨다. 흔히 이것을 일반계시라 칭한다. 그러나 일반계시는 죄와 죽음을 넘어서서 하나님에 대한 분명한 지식과 구원의 길을 명확히 보여주지는 못한다. 그러므로 하나님은 자신과 자신의 뜻을 직접 계시하심으로, 소위 '특별계시'를 주셔서 우리로 하여금 하나님의 말씀, 즉 성경을 갖게 하셨다.

❶ '만나'를 통해서 알 수 있는 하나님과 사람에 대한 교훈은 무엇입니까?

❷ 사람에게 환경의 개선보다 더 본질적으로 필요한 것은 무엇입니까?

❸ 성경은 무엇에 대해 기록하고 있습니까? 그리고 예수님은 이러한 말씀의 권위를 어떻게 보증하셨습니까?

❹ 교회 역사에서 성경의 권위를 논할 때, 'Received(받아들이다)'라는 말은 어떤 의미에서 중요했습니까?

5장

영(靈)이신 하나님

하나님의 속성 (1)

하나님은 영이시니 예배하는 자가 영과 진리로 예배할지니라

요한복음 4:24

"아담과 하와는 하나님의 말씀보다 자신의 감각과 지혜를 믿었다."[12] 마이
클 호튼Michael Horton은 선악과 사건을 한 줄로 명쾌하게 설명합니다. 하나
님의 말씀보다 자신의 기호를 더 우위에 두는 모습, 죄의 기원이 그러했습
니다.

아담과 하와는 하나님의 명령을 중심에 두지 않고, 새로운 정보(뱀이 말한 것)와 자신들의 눈에 세련되게 보이는 것(보암직하고 탐스럽게 보였던 열매)을 따라 선택합니다. 그 순간은 본인들의 판단이 현명하게 여겨졌을지 모르지만, 하나님을 무시한 선택은 죄의 근원이 되고 맙니다.

여기서 우리는 중요한 원리 하나를 알 수 있습니다. 그것은 보이지 않는 하나님과 그분의 말씀이, 눈에 보이는 그 어떠한 감각과 정보보다 우리의 중심이 되어야 한다는 것입니다. 이것은 단지 우선순위의 문제 이상으로, 타락의 기로(岐路)를 결정하는 중대한 원리입니다.[13]

그래서 십계명의 두 번째 명령은 어마어마한 무게감이 있는 말씀입니다. '너를 위하여 새긴 우상을 만들지 말고… 어떤 형상도 만들지 말며(출애굽기 20:4)' 하나님을 아무 형상으로도 표현하지 말라는 이 명령은 하나님보다 우리의 감각과 경험을 우선하지 말라는 뜻입니다.

십계명을 받을 당시는 인간의 감각과 경험을 우선하는 전형적인 시대였습니다. 그래서 눈으로 감지되는 자연 현상, 생업과 관련된 동물들을 신으로 만들어 섬겼습니다. 경험과 필요에 따라 신을 만들고 신과 접촉하여 자신들의 삶이 안전하게 보장받기를 바랐습니다.

그들이 만든 신은 경외의 대상이기보다 그들의 정보로 분석되며, 기호에 따라 표현되고, 필요에 따라 조종되는 신이었습니다. 그러나 하나님은 이러한 표현과 주조(鑄造)를 허락하지 않으십니다. 하나님은 분석되고 조종되는 분이 아니기 때문입니다.

하나님은 그 어떤 피조물과도 비교될 수 없는 구별된 분이십니다. 그분은 우리의 필요에 따라 땅으로 불러들이는 존재가 아니라, 당신의 의지로 하늘로부터 우리에게 오셔서 인격적 관계를 맺으시는 분이십니다. 이것은 당대의 보편적인 신에 대한 이해와는 완전히 다른 것이었습니다.

하나님은 당신의 백성이 세상 풍토와 달리 하나님을 올바로 알기를 원하셨습니다. 그래서 모세에게 중재자 역할을 맡기시고, 율법과 성막을 주셔서 백성과의 만남의 장을 마련하십니다. 하나님을 아는 지식과 그분을 만나는 법을 인간의 상상과 기호에 맡기지 않으셨습니다.

이렇게 자신에 대해 친히 알려주신 것은, 인간의 제한된 인식의 틀로는 하나님을 알 수 없기도 하거니와, '자신의 감각과 지혜'를 신뢰하여 하나님과의 관계를 망가뜨린 아담과 하와의 실패를 돌이키신 것이었습니다.

이스라엘의 역사가 선지자, 제사장, 왕이라는 세 직분에 의해 유지되어 온것도, 그들을 통해 하나님의 말씀(선지자)과 바른 예배 방법(제사장)과 사랑·공의의 다스림(왕)을 보여줌으로써 인간의 경험과 방법에 함몰되지 않고 바르게 하나님을 알도록 하신 것입니다.

그래서 말씀 그 자체로서 참된 선지자이시며, 친히 피를 흘려 제물이 되어서 제사장 역할을 감당하시고, 우리의 영원한 왕이 되신 예수님은 메시야[14)로서 우리에게 하나님을 선명하게 보여주는 완벽한 중보자인 것입니다.

이러한 맥락에서 참 중보자이신 예수님께서 한 여인을 향해 말씀하신 '하나님은 영이시니'라는 선언은 매우 의미가 깊습니다. 더군다나 그 여인은 정통 유대인이 아니었고, 타락한 북이스라엘과 혼혈, 영적 부패의 상징인 사마리아인이었습니다.

당시 유대인과 사마리아인은 서로 미워했습니다. 극심한 갈등으로 예배 장소마저 나뉘어 유대인은 예루살렘에, 사마리아인은 그리심 산에 각각 성전을 마련하고 있었습니다. 더구나 사마리아인들에게는 본인들이 편집한 성경책이 따로 있었으니 갈등은 더욱 깊어졌습니다.

이러한 상황에서 '유대인'인 예수님이 '사마리아인' 여자에게 대화를 요청하신 것입니다. 각자의 '경험'과 '혈통'에 따라 나뉘어 있고, 각자의 '지식'에 따라 예배의 장소를 분리하고 있는 그들에게 예수님은 이렇게 말씀하십니다. "하나님은 영이시다!"

하나님은 육신으로 제한되어 있지 않고, 그들의 경험과 지식에 따라 한정되거나 기호에 따라 선택되는 분이 아니라는 것입니다. 하나님은 세상 원리에 얽매이지 않으시고 우리가 파악할 수 있는 것 너머의 절대자로서 모든 것을 지배하는 분임을 의미합니다.

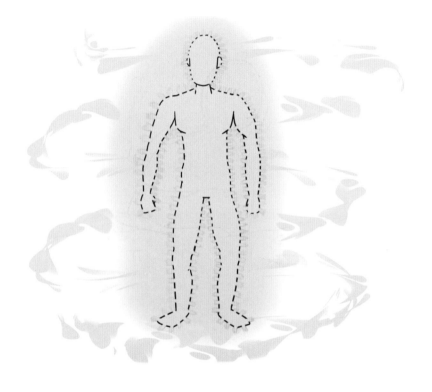

하나님이 영이시라는 것은 육이 없으시므로 우리보다 뭔가 덜 갖추셨다는
뜻이 아니라 육을 넘어선 구별된 초월성을 지니셨다는 의미입니다. 그렇
다고 상대적으로 육을 가진 우리가 더 열등하다는 것은 아닙니다.

우리의 육신은 마치 거대한 바다에 던져진 물병 안의 한 모금 물과 같습니다. 물병이 없으면 바닷물에 흔적도 없이 사라지겠지만 물병에 담겼기 때문에 한 모금이란 존재가 되는 것 같이, 초월적 존재인 하나님 앞에 시간과 공간, 육신을 얻어 그 존재를 보호받는 것이기 때문입니다.

하나님이 영이심은 초월적 존재로서의 구별됨이고, 우리가 육을 입음은 사랑받는 피조물로서의 특별함입니다. 하나님은 작은 육신의 힘으로 감지할 수 없는 초월적 존재지만, 감사하게도 우리와 교제하시기 위해서 예배를 통한 접촉점을 마련해주셨습니다.

그리고 메시아이신 예수 그리스도는 중보자로서 우리 손을 꽉 붙들고 하나님과의 만남을 주선하고 계시며, 우리의 지식으로 알 수 없는 하나님에 대해 말씀으로 알려주십니다. 그래서 예배하는 자는 성령(신령)의 도움 안에서 말씀(진리)을 통해 예배하는 것입니다.

우리는 영이신 하나님을 상상하고 판단할 수 있는 능력이 없음에도 불구하고, 자꾸만 감각으로 그분을 주조합니다. '하나님이라면 이 정도는 해주셔야 하는 것 아니야?' '하나님이 살아계시면 나에게 왜 이런 일이 생기는 거야?' '예배에 재밌는 프로그램들을 집어넣으면 안 되나?'

이러한 생각들은 모두 나의 즐거움과 유익을 위해 내 입맛대로 하나님을 재단하는 것입니다. 내가 결정한 결론 속에 하나님을 욱여넣는 것은 하나님을 바르게 경배하는 태도가 아닙니다.

아버지께 참되게 예배하는 자들은 영과 진리로 예배할 때가 오나니 곧 이 때라 아버지께서는 자기에게 이렇게 예배하는 자들을 찾으시느니라 요한복음 4:23

'하나님이 영이시다'라는 의미를 제대로 아는 것은, 계시로 주신 말씀에 따라 하나님을 이해하는 첫걸음입니다. 우리는 눈앞의 현실을 보며 일희일비하지 않고, 현실을 넘어서서 일하시는 하나님을 바라보며 의연함과 인내를 가질 수 있어야 합니다.

야! 너두
하나님 알 수 있어!

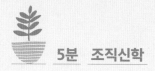

영이신
하나님

하나님이 어떤 분이신지 알기 위해 신앙의 유산인 「웨스트민스터 소요리문답」 제4문을 따라가는 것은 대단히 유용하다. 소요리문답은 성경에 드러나는 하나님의 성품과 특징을 한데 모아, 한 문장 한 문장 안에 종합적이면서도 체계적인 고백을 담았다. 이 책에서도 소요리문답의 순서를 따라 하나님에 대해 알아가려고 한다.

웨스트민스터 소요리문답 제4문

문: 하나님은 어떤 분이십니까?
답: 하나님은 영이신데, 그의 존재, 지혜, 권능, 거룩, 공의, 인자, 진실하심
   이 무한하시고, 영원하시고, 불변하십니다.

하나님은 어떤 분이신가에 대한 한 문장의 답은 세 부분으로 나눠서 살

펴볼 수 있다.

    (1) 하나님은 영이시라는 대전제

    (2) 하나님만이 가지실 수 있는 속성: 무한, 영원, 불변

    (3) (질적인 측면에서 뚜렷한 차이가 있지만) 하나님과 우리의 공통적인
       특징: 존재, 지혜, 권능, 거룩, 공의, 인자, 진실함

이번 장에서는 '하나님은 영이시다'라는 대전제를 다루었고, 6, 7장에서는 하나님만의 속성과 우리와의 공통적인 특징에 대해서 살펴보고자 한다.

하나님이 어떤 분이신지를 '성경대로' 아는 것은 매우 중요하다. 왜냐하면 하나님은 자신에 대해 알아가는 것을 우리에게 임의로 맡기시지 않았고 오직 말씀으로 계시하시고 그리스도를 통해 드러내셨기 때문이다. 하나님이 영이심을 아는 것은, 우리의 지식과 기호대로 하나님을 이해하거나 예배하지 않는 것이다. 또한 성도는 언제나 하나님 앞에 겸손하며 그분

이 우리에게 주신 말씀의 본뜻을 알고자 애써야 한다.

"하나님께서는 자신이 기뻐하시면 어떠한 방식으로도 자신을 나타
내실 수 있다. 그러나 어떠한 피조물이든 하나님께서 명령하시지 않
은 방식으로 그를 묘사할 수가 없다."

– 자카리아스 우리시누스 Zacharias Ursinus, 『하이델베르크 요리문답강론』

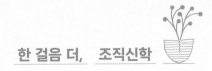

❶ '하나님은 영이시다'라는 뜻은 무엇입니까? 이와 대조되어 우리가 육을 입고 있다는 것은 어떤 의미입니까?

❷ 아담과 하와가 선악과를 먹은 것과 출애굽 당시 이방 나라에서 우상을 만들어 섬겼던 사람들의 공통된 잘못은 무엇입니까?

❸ 이 시대에 여전히 자신의 생각대로 하나님을 제한하고 재단하는 잘못된 행동은 어떤 것이 있습니까?

6장

질투하시는 하나님

하나님의 속성 (2)

하나님이 이 모든 말씀으로 말씀하여 이르시되
나는 너를 애굽 땅, 종 되었던 집에서 인도하여 낸 네 하나님 여호와니라

출애굽기 20:1-2

이스라엘이 십계명을 받는 장면을 보며 누군가는 이런 질문을 할 수도 있습니다. "애굽에서 나오자마자 이번에는 하나님이 이스라엘에게 지켜야 할 명령을 내리시네요. 솔직히 이렇게 되면 애굽에서 종살이할 때랑 뭐가 다를까요? 바로에서 여호와로 왕만 바뀌었지 명령받고 지배당하는 건 똑같잖아요."

왕만 바뀌었지 다를 게 없다는 것은 타당한 의문인 것처럼 보이기도 합니다. 그러나 우리는 '왕이 바뀌었다'는 것이 얼마나 중요한 변화인지 알아야 합니다.

바로가 이스라엘을 압제하고 소모시키는 왕이었다면, 하나님은 그들을 보호하고 소생시키는 왕이었습니다. 출애굽한 이스라엘에게 가장 중요한 변화는 '왕이 바뀐 것'이었고, 이것은 여타의 환경 개선과는 비할 수 없는 굉장히 혁신적인 변화였습니다.

이스라엘 백성은 출애굽 직전에 열 가지 재앙을 경험합니다. 이것은 애굽에서 섬겼던 왕과 우상들이 하나님과 얼마나 다른 존재인가를 알려주시기 위함이었습니다. 그런데 왜 열 가지 재앙에 나일강, 날씨, 벌레, 가축과 같은 자연이 이용되었을까요?

자연은 삶과 생업에 영향을 미쳤기 때문에 애굽 사람들은 이를 신성시하며 우상으로 섬겼습니다. 하나님은 그러한 자연을 자유자재로 다루시면서 '너희들이 신으로 섬기는 것은 단지 피조물일 뿐이다. 그것을 움직이게 하고 다스리는 존재, 참된 신은 바로 나다.'라는 사실을 선언하신 것입니다.

더군다나 고대 근동 사회에서 재산과 권세를 이어받는 장자의 존재는 그들의 '미래'였으며 '소망'이자 '생명 연장'의 상징이었습니다. 그러나 하나님은 장자의 죽음 재앙을 통해 진정한 소망과 생명의 주권이 당신에게 있음을 보이십니다.

열 가지 재앙은 하나님께서 애굽에게 주신 돌이킬 기회이기도 했습니다. 단지 애굽을 꺾어서 승부를 보려 하셨다면 단번에 장자를 치는 강수를 두셨을 것입니다. 하지만 하나님은 인내하고 기다리시며 한 단계씩 이적을 보이심으로 애굽과 이스라엘 모두에게 참 신이 누구인지를 알게 하셨습니다.

이처럼 하나님은 사람들을 제압하여 군림하기 위해서가 아니라, 참된 신이 누구이며 진짜 소망이 어디에 있는지를 보여주려는 목적으로 자신을 드러내십니다. 그렇기 때문에 하나님이 이스라엘에게 주신 십계명은 단순한 명령과 규칙의 나열이 아닙니다.

하나님은 십계명을 말씀하시기 전에 가장 먼저 당신을 소개하십니다. 이
는 하나님이 압제하는 왕이 아니라 우리를 살리기 위한 아버지로 오셨음
을 따뜻하게 보여주는 것입니다.

나는 너를 애굽 땅, 종 되었던 집에서 인도하여 낸 네 하나님 여호와니라 출애굽기 20:2

그리고 하나님은 남편이 아내에게 사랑을 고백하며 약속하듯, 부모가 자녀에게 보호와 지원을 약속하듯 이렇게 말씀하십니다. "자, 이제 나는 네 편이란다. 너도 나를 떠나지 말아라(1–4계명)."

"이제부터는 다른 삶을 살아라. 지금까지 그저 생존을 위해 살았다면, 앞으로 너의 삶은 내가 책임질 테니 너는 누군가를 살리며 생명을 나누어주는 삶을 살아라. 거짓과 탐욕으로 남의 것을 빼앗지 말아라. 이웃을 높이고 살리는 삶을 살아라(5-10계명)."

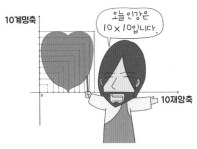

열 가지 재앙과 열 가지 계명을 통해 보여주시는 것은 하나님만이 참 신이며, 모든 능력을 가진 분이라는 점입니다. 그 하나님은 자신의 절대적 권세로 만용을 부리는 것이 아니라 우리를 살리고 싶어 하는 사랑이 가득한 분이십니다.

그래서 하나님이 다른 피조물과 비교 대상이 되는 것에 질투하시는 것은 단지 '자존심'이 상하는 차원이 아니라, 참 소망을 몰라보는 것에 대한 애통인 것입니다. 하나님 외에 다른 신을 섬기는 것에 진노하시는 것도 '감히 다른 신을 믿어?'라는 질책이 아니라, 인간이 생명의 길을 떠나는 것에 대한 절규입니다.

성경에서 드러나는 하나님의 질투와 진노는 우리의 우발적이고 이기적인 감정과는 질적으로 다른 것입니다. 하나님의 질투는 우리를 향한 사랑의 표현이며, 우리가 죽음의 길이 아니라 생명의 길로 가기를 원하시는 아버지의 정결한 마음에서 나오는 것입니다.

이스라엘 백성들이 금송아지를 만들었을 때 진노하신 것(출애굽기 32장)은 하나님을 인격적인 존재로 믿고 신뢰하는 것이 아니라 여전히 그분을 피조물에 빗대어 생각하며 한낱 주술적인 힘의 상징으로 이해하는 것에 대한 안타까움 때문이었습니다.

처음의 이야기로 돌아가 봅시다. "왕만 바뀌었지 다를 게 뭐냐?" 아닙니다. '왕이' 바뀜으로 모든 것이 달라졌습니다. 압제하는 왕에서 우리를 보호하는 왕으로 바뀌었습니다. 소모되던 인생이 소망을 가진 인생으로 바뀌었습니다.

하나님은 당신이 무엇과도 비견될 수 없는 절대적인 참 신이라는 것을 이스라엘 백성들에게 알려주셨습니다. 또한 하나님은 인격적인 존재로서 우리와 소통하기 원하시고, 가득한 애정으로 당신의 자녀들을 대하고 있음을 보여주십니다.

우리는 이러한 하나님의 성품[15]을 알아야 합니다. 하나님은 막연한 존재
가 아니라 인격적으로 다가오시는 분입니다. 그리고 그 기반은 철저한 사
랑이고, 그 사랑이 우리를 구원하는 근거입니다.

하나님은 우리처럼 이기적이고 변덕스러운 감정으로 움직이지 않으십니다. 언제나 변함없는 사랑으로 대하시며, 우리를 구원하시려는 분명한 목적을 갖고 행동하십니다. 성경의 모든 사건뿐 아니라 인류의 모든 역사는 그렇게 하나님의 따뜻한 사랑과 의지로 운영됩니다.

우리가 믿음을 갖고 신앙생활을 한다는 것은 단순히 '어떤 종교를 믿느냐'의 문제가 아닙니다. 내가 어떤 왕의 총애와 보호를 받고 있으며, 그분으로 인하여 인생의 의미가 어떻게 달라졌는지 알게 되는 것입니다. 신앙생활은 우리의 삶 전체가 걸린 중요한 문제입니다.

질투하시는
하나님

우리 시대의 탁월한 성경교사이며 개혁주의 신학자인 R. C. 스프로울 박사는 하나님의 지혜에 대해서 다음과 같이 정의한다.

> 일종의 추상적인 철학적 개념이 아니다. 지혜는 실제적인 행동들과 관계가 있다. 지혜는 우리로 하여금 의롭게 살도록 ― 옳은 것을 알고 행하도록 ― 하는 것이다.[16]

'하나님이 지혜롭다'는 것은 단지 하나님의 똑똑함을 일컫는 게 아니라, 우리를 의롭게 만들기 위해 지혜를 총동원하시는 하나님의 행동을 의미한다. 다시 말해, 하나님은 자신의 능력과 성품을 우리를 위해 쏟아붓고 계신 것이다. 출애굽 시절에는 신을 특정한 힘이나 에너지로 이해했다. 이런 신관을 갖고 있던 때에 탄생한 권위적 존재는 이집트^{애굽}의 파라오^{바로}처럼 백성 위에서 억압적으로 군림할 뿐이었다. 그러나 이때 등장한 하나님은 사람들에게 전혀 다른 세계를 맛보게 해 주신다.

「웨스트민스터 소요리문답」 제4문은 존재, 지혜, 권능, 거룩, 공의, 인자, 진실하심을 하나님의 속성으로 소개한다. 이것들은 우리도 가지고 있는 성품이지만 격이 다르다. 하나님은 누군가에 의해 만들어진 존재가 아니고, 스스로 계신 존재의 근원이다. 또한 하나님은 모든 지혜와 권능의 근원이기도 하다. 우리의 존재감과 지혜와 권능은 주변의 환경과 제약에 따라 달라지기도 하고, 예상치 못한 변수들에 의해 흔들리기도 한다. 그러나 하나님의 존재감과 지혜와 권능은 그 무엇에도 흔들리지 않는 완전함이다. 우리는 그분의 완전함과 초월적인 능력을 거룩(구별됨)이라고 부른다.

그리고 하나님은 이러한 완전한 능력을 우리를 위해 사용하신다. 그의 형상대로 우리를 존재하게 하셨고, 그의 지혜로 우리를 인도하시며, 그의 권능으로 우리를 보호하신다. 그러므로 성경에서 나타나는 하나님의 '질투'나 '진노'와 같은 표현들은 하나님의 선하신 뜻 가운데 발현되는 사랑의 또 다른 모양인 것이다. 이러한 하나님이 우리의 왕이시고 우리를 선

하게 인도하시기 때문에, 우리의 삶이 가치 있게 되는 것임을 기억해야
한다.

"자신의 백성에 대한 하나님의 질투는 하나님의 언약적 사랑을 전제
로 한다. 그리고 이 사랑은 우발적이고 목적이 없는 일시적인 애정
이 아니라 주권적인 목적의 표현이다."

– 제임스 패커 Jams I. Packer, 「하나님을 아는 지식」

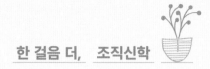

❶ 하나님께서 이스라엘 백성에게 십계명을 주실 때, 하나님 자신을 먼저 소개한 이유는 무엇입니까?

❷ '나는 너를 애굽 땅, 종 되었던 집에서 인도하여 낸 네 하나님 여호와(출 20:2)'라는 선언을 통해 우리는 하나님이 어떤 분이심을 알 수 있습니까?

❸ 열 가지 재앙과 십계명을 통해 나타나신 하나님은 당시 일반적으로 이해하던 신과 어떤 차별점이 있습니까?

❹ 하나님의 속성이 나의 삶과 어떠한 연관성이 있는지 생각해봅시다.

7장

'영원'하시고 '불변'하며 '무한'하신 하나님

하나님의 속성 (3)

더러는 좋은 땅에 떨어지매 어떤 것은 백 배, 어떤 것은 육십 배,
어떤 것은 삼십 배의 결실을 하였느니라

마태복음 13:8

변하지 않는다는 의미의 '불변'이라는 단어는 우직하고 든든한 느낌도 들지만, 답답하게 다가오기도 합니다. 아무런 발전도, 움직임도 없이 고정되어 있는 이미지로 말입니다. 그런데 성경은 하나님의 대표적인 특징으로 '불변'을 말합니다.

하나님은 역동성과 유연성이 없는 '고정'된 분일까요? 하나님의 불변은 고정이 아닙니다. 오히려 역동적인 불변이라 할 수 있습니다. 어떻게 '변하지 않는다'는 것이 '역동적'이라는 말과 연결될 수 있는 걸까요?

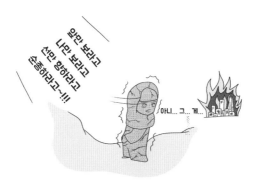

예를 들면 하나님은 결코 악(惡)으로 향하지 않으십니다. 적극적으로 선(善)으로만 향하시는 분이며 조금도 악으로 뒤틀리지 않으십니다. 하나님은 역동적으로 선을 이루어가시며, 그분의 선한 성품은 어떠한 경우에도 변하지 않습니다. 이런 의미에서 하나님은 '역동적으로 불변'하십니다.

작가 왈 : 도대체 완전을 어떻게 완전하게 표현 할 수 있는가?!

하나님이 불변하신다는 것은 아무런 변화나 발전이 없다는 뜻일까요? 그렇습니다. 하나님은 더 이상의 변화나 발전이 필요 없는, 완전하신 분이십니다.

하나님은 적극적으로 완전한 능력을 드러내실 뿐, 결함을 보완하면서 발전하는 존재가 아닙니다. 변화와 발전이 필요한 존재는 불완전한 피조물인 인간입니다. 하나님의 불변함은 소극적이고 고정적이라는 것이 아니라 하나님의 완전하심에 대한 다른 표현입니다.[17]

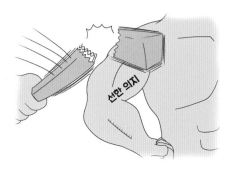

하나님은 어떠한 보완이나 도움도 필요하지 않습니다. 하나님이 선한 의지를 가지고 행하시는 일은 어떤 것으로도 꺾을 수 없습니다. 마태복음 13장의 '씨 뿌리는 비유'를 통해서 하나님의 불변하심에 대해 살펴봅시다.

일반적으로 우리는 씨 뿌리는 비유를 읽을 때 밭의 종류에 집중했습니다. 그래서 '가시밭이나 돌밭이 되지 말고 좋은 땅 같은 사람이 되자.'라고 적용을 했습니다.

물론 각각의 밭이 의미하는 바를 살피고, 이에 비추어 우리 자신을 돌아보는 것은 중요합니다. 그런데 이 본문에서 더 본질적인 것은 '밭의 상태'가 아니라 '반드시 결실하는 밭이 있다'라는 것입니다.

예수님께서 이 비유를 말씀하시던 당시, 바리새인들은 예수님을 죽이기로 작정하고 있었습니다. 이러한 상황에서 복음을 받아들인다는 의미는 "바리새인들! 나는 너희가 죽이려는 예수님의 말씀에 동의한다. 나도 죽여 달라."라는 것과 다름없었습니다.

예수님께 동의하면 사회적으로 배척당할 수 있었기 때문에 대단한 확신이 아니고서는 복음을 받아들이기 어려웠습니다. 바리새인의 신학과 사회적 통념을 무시하기도 힘들거니와, 애초에 어려움을 감수해야 하는 것이 예상되는 일에는 사람들의 호응이 적은 법입니다.

이런 상황적인 한계가 여러 밭으로 비유되었습니다. 그런데 이 비유의 결론은 무엇입니까? 사람들의 무관심과 좋지 않은 환경에도 불구하고, 몇 배의 결실은 반드시 이루어진다는 것입니다.

우리는 다른 사람의 호응이 없거나 변수가 생기면 계획대로 일을 진행하기 힘들어합니다. 그러나 하나님께서 천국을 완성하시는 원동력은 사람들의 동의나 상황적 유리함이 아닙니다. 하나님의 의지만이 유일한 원동력입니다.

하나님은 환경과 조건에 따라 자신의 의지를 바꾸지 않으십니다. 그 어떤
상황도 하나님이 완성하고자 하는 일을 방해하지 못하며, 그 어떤 절망도
하나님의 선한 의지를 악한 방향으로 꺾을 수 없습니다.

이처럼 어떠한 조건에도 얽매이지 않고 자신의 선한 의지를 이루어 가시는 하나님의 능력에 대해 우리는 '불변'이라고 부릅니다. 6장에서 살펴보았던 하나님의 속성인 존재, 지혜, 권능, 거룩, 공의, 인자, 진실하심은 모두 불변합니다. 하나님의 불변하심 때문에 우리는 그분을 신뢰할 수 있습니다.

하나님의 또 다른 큰 속성은 '영원함'입니다. 보통 우리는 영원을 '끝없는 시간' 정도로만 알고 있습니다. 그러나 영원은 본질적으로 '시간 밖의 일', '시간을 초월한 존재'라는 뜻으로 '구별됨'을 강조하고 있습니다.

하나님은 세상의 조건에 얽매이지 않고 당신의 뜻을 이루실 수 있습니다. 그래서 '불변'하실 뿐 아니라 '영원'하신 분입니다. 원인과 결과라는 자연법칙 안에 있는 우리와 달리 하나님은 원인과 결과를 만드실 수 있습니다.

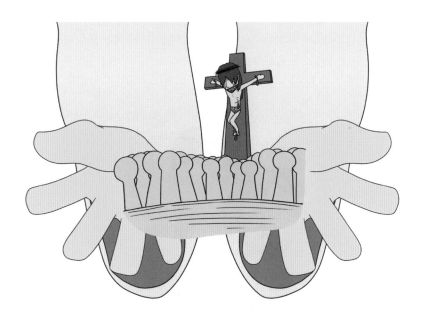

이렇게 '불변'하고 '영원'하신 하나님은 어느 시대 어떤 상황에서도 모자람 없이 당신의 능력을 펼치실 수 있습니다. 하나님은 예수님의 죽음이라는 비극의 상황에서도 구원이라는 생명을 만들어 내시는 분입니다. 우리는 이것을 하나님의 '무한함'이라고 부릅니다.

불변, 영원, 무한은 하나님만의 고유한 특성입니다. 이것은 우리가 하나님을 경배하고 신뢰할 수 있는 토대가 됩니다. 그런데 하나님의 불변, 영원, 무한하신 능력은 한 번도 '자기 과시'를 위해 사용되지 않았습니다.

하나님은 당신의 능력을 누군가 제압하거나 월등함을 과시하기 위해서 나타내지 않으셨습니다. 오직 우리를 사랑으로 대면하시고, 죄인을 구원하시려는 과정 속에서 자신의 변치 않는 사랑, 죄의 방해에도 꺾이지 않는 영원함, 모든 시대에 전력을 다하시는 무한함을 보이신 것입니다.

하나님의 '불변', '영원', '무한'은 굉장히 낯선 개념들입니다. 하지만 이러한 하나님의 속성은 우리의 구원 속에서 드러난 따뜻한 성품이고 위대한 능력으로서, 하나님을 향한 우리 믿음의 근거이며 어려움과 부족함 중에도 소망을 가질 수 있는 큰 격려일 것입니다.

'영원'하시고 '불변'하며
'무한'하신 하나님

　루이스 벌코프^{Louis Berkhof}『조직신학^{Systematic Theology}』의 모태가 되기도 한 헤르만 바빙크^{Herman Bavinck}의『개혁교의학^{Gereformeerde dogmatiek}』은 조직신학의 걸작이다. 바빙크는『개혁교의학』의 요약본에 해당하는『하나님의 큰 일^{Magnalia Dei}』에서 하나님의 절대적인 능력을 찬양하면서 그것이 얼마나 질서 있고 인격적으로 사용되는지를 잘 설명하고 있다.

　(저자 주: 하나님은 영원한 지식으로 모든 것을 결정하실 뿐 아니라) 능력
　을 가지셔서 모든 반역에도 불구하고 그것으로 말미암아 그가 계획했던
　것을 집행할 수 있고, 그 앞에 불가능한 일이란 없다. 그러나 이런 지식과
　뜻과 능력은 제멋대로 된 것이 아니고 그 모든 부분에 있어서 도덕적으로
　결정되어 있다.¹⁸⁾

　바빙크의 글을 통해서「웨스트민스터 소요리문답」제4문이 이러한 하나

님에 대해 한 문장으로 얼마나 탁월하게 가르치고 있는지를 다시 한번 확인하게 된다. 지금까지 우리는, 영이신 하나님의 초월적 존재감은 무한, 영원, 불변이라는 구체적인 개념들로 설명되는데, 그 초월적 특징이 우리와 전혀 상관없는 것이 아니라 구원 역사 속에서 우리를 위한 지혜와 인자와 공의로운 다스림으로 나타난다는 것을 정리했다. 하나님의 속성, 성품, 능력을 아는 것은 우리의 삶이 하나님의 변하지 않는 사랑과 실패하지 않는 능력 안에 놓여있음을 아는 것이다. 앞으로 살펴볼 하나님의 삼위일체, 하나님의 작정 등과 같은 개념들도 우리의 지성만 살찌우는 지식이 아니라 전반적인 삶의 이해의 폭을 넓히는 참 지혜가 되어줄 것이다.

불변하시는 하나님의 속성을 배우고 나면, '하나님이 후회하셨다'라는 표현에 의문을 품게 된다. 이것은 하나님도 마음에 갈등과 번덕이 있다는 의미로 해석되기 때문이다. 이에 대해 제임스 패커는 다음과 같이 설명한다.

하나님이 후회하셨다고 말하는 본문들(창 6:6-7, 삼상 15:11, 삼하 24:16, 욘 3:10, 욜 2:13-14)이 있는 것은 사실이다. 각각의 경우에서 본문들은, 하나님이 이전에 행하신 것들에 대해 어떤 특정한 사람들이 반응하는 결과에 따라 그들에게 이전과 반대로 행하신다고 말한다. 하지만 그들의 반응이 예견되지 않았다거나 그것들이 하나님을 불시에 습격했기 때문에 하나님의 영원하신 계획 안에 그것에 대한 대비책이 없었다고 하는 암시는 전혀 없다. 하나님이 어떤 사람을 새로운 방식으로 다루기 시작한다 할지라도 그것은 결코 하나님의 영원하신 목적 안에서 어떤 변화가 일어났다는 의미가 아니다.[19]

하나님이 후회하셨다는 표현은 하나님의 속성을 말한 것이 아니라 독자들이 상황을 이해할 수 있도록 쓰인 표현이다. 하나님의 변함없는 의로움과 사랑 안에서, 변하는 것은 우리의 상태일 뿐이다. 우리를 다스리는 하나님의 방식에 변화가 있을지는 몰라도 하나님의 뜻과 성품은 불변하다는 사실을 기억해야 한다.

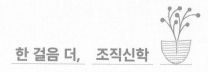
한 걸음 더, 조직신학

❶ 씨 뿌리는 비유에서 우리가 주목해야 하는 메시지는 무엇입니까? 그것을 통해 우리는 하나님의 어떤 속성을 알 수 있습니까?

❷ '영원eternal'과 '무한infinite'은 얼핏 비슷한 말인 것 같으나 분명히 다른 의미를 지니고 있습니다. 영원과 무한의 차이는 무엇입니까?

❸ 성경은 후회하시는 하나님에 대해 기록하고 있습니다. 이것은 불변하시는 하나님의 속성과 모순되는 것처럼 보입니다. 하나님의 후회는 어떤 의미일까요?

❹ 하나님이 영원하시고, 불변하시며, 무한하시다는 사실이 나와 무슨 상관이 있습니까? 구체적인 예를 들어 말해봅시다.

8장

나는 스스로 있는 자이니라

삼위일체

예수께서 즉시 이르시되 안심하라
나니 두려워하지 말라

마태복음 14:27

마태복음 14장 27절에서 예수님이 "나다"라고 하시는 말씀이 영어 성경에서는 조금 특이하게 번역되어 있습니다. "It is me"가 현대 문법에 맞는 표현이지만 NIV, NASB, KJV는 모두 이 말을 "It is I"라는 다소 어색한 고어체를 사용합니다.

예수님께서 "나다"라고 말씀하시는 것이니 이렇게 말하나 저렇게 말하나 별 상관없을 것 같기도 합니다. 하지만 "It is I"에는 분명 특별한 의미가 담겨 있습니다.

본문의 상황은 예수님이 거센 파도 위를 걸어오시며 "나다"라고 말씀하시는 장면입니다. 이 장면은, "오, 신기한데? 역시 대단해!"라고만 가볍게 받아들일 수는 없습니다.

사람이 자연의 법칙을 거슬러 물 위를 걸었다는 것은 분명히 상징하는 바
가 있습니다. 바로 예수님이 자연법칙 위에 계시다는 뜻입니다. 인간은 자
연법칙에 순응하며 사는 존재이지만 예수님은 그 자연법칙을 지배하는 신
적 존재임을 보여주신 것입니다.

"It is I$\overset{\dot{\epsilon}\gamma\dot{\omega}\;\epsilon\dot{\iota}\mu\eta\;\text{에고 에이미}}{}$"라는 표현은 구약에 나오는 그 유명한 하나님의 자기소개, "나는 스스로 있는 자이니라(출애굽기 3:14)"와 비등한 주님의 자기 계시입니다.

욥의 고백처럼 "바다 물결을 밟으시며(욥기 9:8)" 자연을 지배할 수 있는 분은 하나님뿐이신데, 예수님은 그 말씀을 실현하듯 바다 위를 걸어오시며 "나는 스스로 있는 자"라고 말씀하심으로 당신이 하나님과 동등한 분이심을 분명하게 알려주신 것입니다.

예수님이 물 위를 걸으며 자기를 나타내심은 하나님의 권위를 드러내신 사건이었기에, 배에 타고 있던 사람들은 놀라는 것에 그치지 않고 예수님 께 "하나님의 아들이로소이다(마태복음 14:33)."라는 고백을 하게 된 것입 니다.

"하나님의 아들"이라는 표현은 하나님과 "동등"하다는 뜻입니다. 인간은
부모와 자식 사이에 시간적, 물리적, 우열의 차이가 분명히 존재합니다.
하지만 시간을 초월한 영원 안에서 하나님의 아들은 하나님과 어떠한 차
이도 없는 동등한 존재입니다.

사탄은 예수님을 시험(마태복음 4장) 할 때 "네가 만일 하나님의 아들"이라면 기적을 행하라고 요구했고, 대제사장들이 예수님을 고소할 때도 "네가 하나님의 아들(마태복음 26:62-63)"인지 말해보라며 시비를 걸었습니다. 과연 예수님이 하나님이신가의 문제는 대단히 중요한 관심사였습니다.

예수님이 보여주신 이적들은 단지 기적^{miracle}이 아니라 하나님의 뜻을 보여주는 표적^{sign}이었고, 그분의 말씀과 가르침은 하나님의 성품과 계획과도 일치했으며, 구약의 예언대로 십자가에 달리셨을 뿐 아니라 부활하셨으니, 당신이 성경에 예언된 구원자이며 하나님임을 분명히 나타내신 것입니다.

아들이신 "성자 예수님"과 아버지이신 "성부 하나님"은 아주 긴밀한 관계 속에 함께 일하고 계십니다. 그리고 예수님은 승천하시기 전에 이렇게 말씀하셨습니다. "너희는 몇 날이 못되어 성령으로 세례를 받으리라(사도행전 1:5)."

이 말씀대로 오순절 날 성도들에게 성령이 임했습니다(사도행전 2:1-4).
이 성령은 요한복음 14장 16절에서 예수님이 우리를 위해 성부 하나님께
구하셨던 바로 그 보혜사입니다.

간혹 사람들은 "내가 세상 끝날까지 너희와 항상 함께 있으리라(마태복음 28:20)" 약속하시고 훌쩍 승천해버리신 예수님께 의문을 갖기도 합니다. 그러나 성령 하나님이 우리와 함께 계신다는 것은 예수님이 함께 계신 것과 같은 의미입니다.

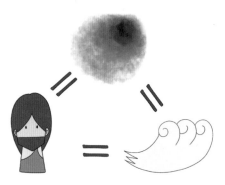

성령님의 존재와 능력은 예수님과 동등하며, 성령님이 하시는 일들은 성부 하나님의 뜻으로부터 펼쳐진 것입니다. 하나님과 예수님이 동등하신 것처럼 예수님과 성령님은 동등하십니다.

성부, 성자, 성령의 동등하심은 한 이름으로 함께 일하신다는 사실에서도 알 수 있습니다. 성부, 성자, 성령은 동등한 영광과 권세를 가지고, 동일한 사랑과 의지로 우리의 구원을 위해 일하시는 유일한 하나님이십니다.

그러므로 너희는 가서 모든 민족을 제자로 삼아 아버지와 아들과 성령의 이름으로 세례를
베풀고 마태복음 28:19

그래서 하나님은 창세기 1장에서 "우리의 형상을 따라 우리의 모양대로
우리가 사람을 만들고(창세기 1:26)"라는 말씀을 하신 것입니다. 성경은
언제나 '유일'하신 하나님을 증거하는데, 이때 하나님은 자신을 가리켜 '우
리'라고 칭하십니다.

이것은 성부, 성자, 성령이 창조 때부터 함께 계셨음을 암시하는 그림자 같은 말씀입니다. 이 그림자의 형상은 이 땅에 오신 '예수 그리스도'가 세례를 받으실 때 '성령 하나님'이 비둘기같이 그 위에 임하시고, '성부 하나님'이 하늘로부터 들려오는 음성으로 등장하시면서 선명하게 드러나게 됩니다.

우리는 유일하신 신으로서 성부, 성자, 성령이 동등한 권세와 힘과 의지로 함께 계신 것을 삼위일체(三位一體)라고 부릅니다. '삼위일체'라는 용어는 신학자들이 만든 말이지만, 그 개념은 성경 전반에 걸쳐 나오는 것으로 우리가 부인할 수 없는 하나님의 본질입니다.

그런데 이 어려운 개념이 우리와 무슨 상관이 있을까요? 우리는 삼위 하나님의 형상으로 창조되었습니다. 그래서 성부, 성자, 성령이 서로 사랑하고 존경하며 선한 뜻을 위해 함께 계시듯, 그 형상대로 지어진 우리에게는 이웃을 나 자신처럼 사랑하고 그들과 연합해야 할 책임이 있는 것입니다.

또한 우리는 '예수 그리스도의 이름으로' 기도하라고 배웠습니다. 예수님을 통해 기도한다는 것은 단순히 어딘가에 하소연하는 것이 아니라, 삼위이신 하나님의 모임 속에 나의 사정과 마음을 알리는 것입니다.

삼위 하나님께 기도하는 것이니 우리는 더 큰 확신을 가지고 뜨겁게 기도할 수 있습니다. 삼위 하나님이 우리를 사랑하고 존중하시기에 우리는 낙심하지 않고 담대하게 세상을 살아갈 수 있습니다.

삼위일체에 대한 지식은 하나님의 신비를 보여주고, 우리의 존재가 하나님과 깊은 관계가 있음을 알려줍니다. 성부 하나님과 예수 그리스도와 성령 하나님이 연합하는 가운데 전력을 다하여 우리의 삶을 보살피신다는 것을 깨닫게 하는 실질적인 지식입니다.

삼위일체

삼위일체의 삼위는 영어로 "Three Persons", 일체는 "One Essence"
이다. Person은 라틴어 페르소나^{persona}에서 파생된 것으로 "의지와 이성
을 가진 존재"를 뜻한다. 이는 하나님이 강력한 힘이나 에너지와 같은 추
상적 존재가 아니라 의지와 이성을 가진 살아있는 인격체임을 의미한다.
그런데 '인격(人格)'이라는 말은 피조물인 사람에게 사용하는 표현이기에
성부, 성자, 성령이 분명한 존재로 자리하고 계시다는 의미로서 '위격(位
格)'이라는 용어를 쓰게 되었다. 그리하여 성부, 성자, 성령, 세 위격이 한
본질^{essence} 안에 함께 계신다는 의미의 "삼위일체"라는 용어가 등장하게
되었다.

어거스틴^{St. Augustine}과 칼빈^{Jean Calvin}도 삼위일체에 대한 가르침을 중요하게
인식하고 있었다. 어거스틴은 교회가 꼭 가르쳐야 할 것이 믿음, 소망, 사
랑인데, 하늘을 바라보는 '주기도'를 통해 '소망'을, 성령님의 이끄심을 따
른 삶의 표준인 '십계명'을 통해 '사랑'을, 그리고 '사 도신경'을 통한 삼위일

체에 대한 가르침을 '믿음'의 근간으로 가르쳤다. 칼빈도 『기독교 강요』초판부터 믿음에 대한 강론 중심에는 삼위일체를 두었다. 종교 개혁의 불씨를 당긴 루터 ^{Martin Luther} 역시 삼위일체는 필히 가르쳐야 할 항목이며 이단을 분별할 기준으로 삼아왔다. 이처럼 삼위일체에 대한 가르침은 교회 역사에서 지속적으로 강조되어 왔다. 칼 트루먼^{Carl Trueman} 교수는 삼위일체에 대해 이렇게 말한다.

신인(God-man)이신 그리스도께서는 아버지께서 그에게 주고자 하시는 것을 아버지에게 구하시며, 그리스도께서 우리를 위해 아버지께 기도하시는 내용은 아버지 자신도 원하시는 것이기 때문에 아버지께서는 그리스도가 구하는 것을 주실 것이다.... 우리는 여기에 성령님을 더해서 로마서 8장에 묘사된 바와 같이 성령께서는 완전한 하나님이시며 그분의 기도 역시 항상 하나님의 뜻과 부합되기에 효력을 발휘하는 기도라고 할 수 있을 것이다. 그리스도와 성령의 기도의 권세는 그들이 하나님 아버지 자신께서 주시기를 즐거워하시는 것을 구하신다는 것에 놓여 있다.[20]

하나님의 신비한 본질을 알아갈수록 그분의 형상대로 지어진 우리가 얼마나 소중한 존재인지 깨닫게 될 것이다. 비록 이 땅에서 고단할 때가 많지만 우리의 삶은 하나님 나라의 가치를 드러내는 소중한 것임을 꼭 기억해야 한다.

❶ 예수님이 물 위를 걸어오신 기적이 우리에게 주는 의미는 무엇입니까? 그리고 예수님이 '나다It is I'라고 하신 말씀의 깊은 의미는 무엇이었습니까?

❷ 성부, 성자, 성령 하나님이 동등하신 분이며 동일한 사랑으로 함께 일하신다는 증거들은 성경 어디에서 발견할 수 있습니까? 본문에서 말한 마태복음 이외에도 알고 있는 바를 찾아 나눠봅시다.

❸ 성부, 성자, 성령의 이름으로 세례를 받는 것과 예배를 마치며 성부, 성자, 성령의 이름으로 복을 비는 것, 그리고 예수 그리스도의 이름으로 기도하는 것이 우리에게 어떤 의미가 있습니까?

❹ 삼위일체를 배우고 어떤 새로운 시각이 생겼습니까? 위로가 되는 것과 결심하게 되는 것이 있습니까?

9장

미리 아시고, 미리 정하셨으니

하나님의 작정

하나님이 미리 아신 자들을 또한
그 아들의 형상을 본받게 하기 위하여 미리 정하셨으니
이는 그로 많은 형제 중에서 맏아들이 되게 하려 하심이니라

로마서 8:29

하나님이 미리 아신 자들을 또한 그 아들의 형상을 본받게 하기 위하여 미리 정하셨으니 이는
그로 많은 형제 중에서 맏아들이 되게 하려 하심이니라   로마서 8:29

"모두 하나님이 계획하신 일입니다!" 신앙생활을 하다 보면 종종 듣게 되
는 이 말은 마치 우리 인생이 운명 안에 갇혀 있는 것처럼 느껴지게 만듭
니다. 물론 우리는 모든 일이 하나님의 뜻이라는 확신 가운데 있어야 합니
다만, 이 말은 많은 오해를 불러왔습니다.

로마서 8장 29절에서 "미리 아신 자들"이나 "미리 정하셨다"와 같은 표현들은 마치 우리의 운명이 이미 정해져 있는 것처럼 생각되기 때문입니다.

표면적인 의미로만 받아들이면 이러한 오해가 생기는 것도 무리는 아닙니다. 그렇다면 정말 우리는 장기판의 말과 같은 존재인 걸까요? 로마서의 말씀을 제대로 이해한다면 하나님이 얼마나 우리를 인격적으로 대하시는지 알게 될 것입니다.

우리는 먼저 "알다"라는 단어의 뜻을 바르게 해석해야 합니다. 성경에서 말하는 '알다'는 흔히 우리가 생각하는 "I know", "I don't know"와는 의미의 무게가 다릅니다.

로마서 8장 29절의 '알다'에는 '돌보아주고 애정을 갖고 지켜본다'라는 훨씬 풍성한 의미가 담겨 있습니다. "미리 아셨다"라는 것은 마치 하나님이 미래를 내다보시고 "이 녀석은 이렇게 행동하겠군."이라며 우리를 가늠해 보시는 게 아닙니다.

하나님이 미리 아셨다는 말은 그분이 우리를 먼저 사랑하시고 돌보시기로 결심하셨다는 뜻입니다. 가능성이 있는 사람과 없는 사람을 미리 알아보고 솎아내시거나, 어떤 조건을 두고 뛰어난 사람을 선별했다는 것이 아닙니다.

로마서 8장은 "구원이란 하나님이 먼저 사랑으로 시작하신 일이다."라는 것을 강조하고 있습니다. 즉, 구원은 하나님의 사랑만이 이유라는 것입니다.

그렇다면 "미리 정하셨다"라는 것은 무슨 의미일까요? 하나님이 미리 정하셨다고 말씀하실 만큼, 모든 일은 하나님의 뜻 외에는 영향을 받지 않는다는 것입니다.

다시 말해 "하나님의 다스림을 벗어나는 것은 없다"라는 의미입니다. 하나님이 선한 목적과 의지로 시작하신 일은 어떠한 것도 방해할 수 없고, 어떠한 변수나 조건도 하나님의 사랑과 의지를 꺾을 수 없습니다.

하나님은 이미 모든 일에 계획과 뜻을 가지고 계십니다. 사람은 무슨 일이 일어날지 예측은 해도 그 상황을 다스리지는 못합니다. 사람은 불확실하고 예측할 수 없는 인생의 변수에 당황하며 상황에 맞추어 최선을 다하는 것이 고작입니다.

그러나 하나님은 다릅니다. 그분은 상황에 적응하시는 것이 아니라, 분명한 계획을 가지고 자신의 목적을 실현하시는 분입니다. 하나님은 어떠한 변수에도 당황하지 않으시며, 그분이 다루시지 못해 애먹는 악조건이란 없습니다.

창세기에서 요셉의 형들은 악한 의도를 가지고 동생 요셉을 외국으로 팔아넘겼습니다. 요셉은 생각지도 못했던 절망적인 상황 속에서 젊은 날을 보내게 됩니다. 그래서 이 이야기는 비극으로 끝났나요? 요셉은 전전긍긍하며 살았습니까?

그렇지 않습니다. 형들의 악행은 하나님의 선한 목적을 방해하지 못합니다. 심지어 요셉은 이렇게 고백합니다. "당신들은 나를 해하려 하였으나 하나님은 그것을 선으로 바꾸사 오늘과 같이 많은 백성의 생명을 구원하게 하시려 하셨나니(창세기 50:20)."

성경은 '요셉이 총리가 되는 것은 미리 정해져 있었다.'라고 말하지 않습니다. 다만, 그 누구도 하나님의 선한 의지를 꺾을 수 없고, 그 무엇도 하나님의 다스림에서 벗어나지 않음을 보여줍니다.

하나님은 그때그때 임의로 대응하시는 분이 아닙니다. 그분은 악을 뒤집어 선을 만들어내시고, 변수와 비극을 다스려 선한 목적을 이루시는 데 실패하지 않으십니다. 바로 이것이 "하나님이 미리 정하셨다."라는 것의 참 의미입니다.

이것은 운명론처럼 모든 것이 각본에 짜인 대로 움직인다는 말이 아닙니다. 하나님의 계획과 의지와 주도권에 대한 인정과 강조인 것입니다.

이러한 하나님의 일하심이 가장 극명하게 드러나는 것은 예수님의 십자가 사건입니다. 제자인 유다는 배신했고, 법의 집행은 공정하지 못했으며, 여론은 급격히 예수님께 등을 돌리고 그분을 죽음으로 몰아세웠습니다. 세상은 악에 편승되었고, 예수님은 나무에 달려 죽었습니다.

그런데, 그 죽음이 우리 구원의 통로가 됩니다. 요셉의 상황보다 훨씬 심각하고 치명적인 이 사건을 통해서도 하나님은 결국 당신의 백성을 구원하시려는 선한 일을 완성하십니다.

하나님은 우리를 미리 아셨습니다. 그분이 먼저 우리를 사랑하여 모든 일이 시작되었습니다. 그리고 하나님은 미리 정하셨습니다. 그분은 먼저 모든 일을 계획하셨고, 선한 목적과 강력한 의지로 우리를 이끌어 가십니다. 물론 어떤 것도 하나님의 일하심을 방해할 수 없습니다.

하나님께서
내 길을
이끄시는데

무엇이
두려우랴!!!

그렇다면 모든 것이 하나님의 작정 안에 있으니 우리는 뒤로 물러나 있으면 되는 걸까요? 결코 그렇지 않습니다. 하나님의 주권과 목적과 선한 의지를 알고 있는 우리는, 그분을 의지하고 신뢰하면서 동시에 전력을 다해 하나님의 뜻에 따라 살기 위해 적극적으로 행동해야 할 것입니다.

하나님의 작정

'하나님의 작정'은 쉽지 않은 개념이다.(저자주:흔히 동일개념으로 혼동하기도 하는 예정과 작정은 다르다. 예정^{predestination}은 인격적 존재에 대한 목적과 계획으로 우리의 구원 문제를 다루는 반면, 작정^{Decree}은 만물을 대상으로 하는 더 큰 개념으로 예정을 포괄한다. 또한 예정에서 다루는 구원에서 자유의지의 역할과 작정에서 다루는 자유의지 개념은 구별됨으로 혼동이 없어야 한다.) 그럼에도 불구하고 모든 논쟁을 넘어서서 일치하는 부분은, 하나님은 사랑하는 마음으로 세상을 바라보시고 분명한 계획을 갖고 움직이시며 그 뜻에는 실패함이 없다는 것이다. 본문에서 살펴보았듯이 하나님의 작정이란 우리의 운명을 결정해놓은 것이 아니다. 하나님은 인간의 자유의지를 완전하게 인정하면서 역사를 진행하시고, 인간이 자유의지로 악을 선택함에도 불구하고 그에 대해 책임지고 되돌릴 길을 주시기 때문이다. 하나님의 작정(또는 다스림)과 인간의 자유의지는 대립되는 개념이 아니다. 요셉에게 하나님의 작정은 스스로 선한 결정을 담대하게 내릴 수 있었던 믿음의 바탕이었지, 그의 모든 행동을 제한하는 틀이 아니었다. 요셉은 하나님의 작정을 신뢰했기에 믿음의 선택을 하면 하나님이 함께 하실 것이라고 확신할 수 있었다.(이 부분은 13장 자유의 지 편에서 더 자세하게 살펴볼 것이다.) 그래서 '하나님의 작정'의 반대말 은 '우연'이라 함이 타당하다. 이에 대해 황희상 교수가 다음과 같이 잘 정 리해주었다.

온 우주를 다스리시는 하나님은 인간의 자유로운 행동 하나하나를 다 사용 하셔서 하나님의 작정을 필연적으로 이루도록 하십니다. 우리는 우리 좋을 대로 행동하지만, 더 높은 차원에서 일하시는 하나님은 그런 우리의 자유로 운 의지를 제한하지 않고도 자기 뜻을 이루시는 능력이 있는 분입니다. '자 유와 필연이 어떻게 공존할 수 있냐고요?' 자유의 반대는 강요입니다. 우연 의 반대가 필연이지, 자유의 반대가 필연인 것은 아닙니다. 하나님은 우리 를 '강요'하신 적이 없습니다.[21]

하나님의 작정은 운명과 같은 울타리가 아니라 우리의 자유의지가 마

음껏 뛰놀 수 있는 운동장과 같다.[22] 이를 통해 선한 목적과 분명한 의지
로 우리 인생을 대하시는 하나님의 사랑을 맛볼 수 있다.

"하나님은 온 세상의 주님이며, 자신의 주님 됨을 만물의 창조, 보
존, 통치 가운데 매일 드러낸다."

– 헤르만 바빙크 Herman Bavinck, 『개혁교의학』

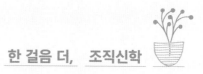
한 걸음 더, 조직신학

❶ 로마서 8장 29절의 '미리 아셨다' '미리 정하셨다'라는 표현을 어떻게 이해
하고 있었습니까? 본문을 통해서 바르게 알게 된 의미는 무엇입니까?

❷ '하나님의 작정(필연)'의 반대말은 무엇입니까? 그리고 인간의 자유에 대
한 반대 개념은 무엇입니까?

❸ 하나님의 작정이 우리를 운명 안에 가두지 않고, 어떻게 더 풍성한 자유를
가능하게 하는지 정리해봅시다.

❹ 하나님의 작정을 확신하기 때문에 누리게 되는 위로와 기대 또는 인내의
각오는 무엇인지 나누어봅시다.

10장

하나님의 총애

창조

다른 사람의 피를 흘리면 그 사람의 피도 흘릴 것이니
이는 하나님이 자기 형상대로 사람을 지으셨음이니라

창세기 9:6

성경은 노아 시대의 홍수 사건을 창세기 6장부터 9장에 이르는 긴 분량에
걸쳐 소개하고 있습니다. 이 사건은 "사람의 죄악이 세상에 가득함과 그의
마음으로 생각하는 모든 계획이 항상 악할 뿐(창세기 6:5)"이라는 인간에
대한 보고로부터 시작됩니다.

또한 부패한 인간들의 포악함이 온 땅에 가득했다(창세기 6:11)는 묘사들
은 당시 사회가 얼마나 하나님을 등지고 있었는지 잘 보여줍니다. 이에 대
한 심판으로 홍수 사건이 일어났고, 생존한 이들은 오직 노아의 가족뿐이
었습니다.

비가 그치고 땅이 드러나 방주 밖으로 나왔을 때, 노아의 심정은 어땠을까요? 아마도 살아남은 것에 안도하기에 앞서 죄에 대한 하나님의 엄중함을 깊이 인식하고 두려워하지 않을 수 없었을 것입니다.

새로운 시작을 앞두고 긴장해 있던 노아에게 하나님께서는 첫 사람 아담
과 하와에게 주셨던 것과 동일한 말씀을 하십니다.

세상에 죄가 가득 찰 정도로 인간이 악하여 심판할 수밖에 없었는데도 불구하고, 하나님은 처음의 약속과 기대를 거두지 않으셨습니다. 모든 것이 보시기에 심히 좋았던 때에 아담과 하와에게 말씀하셨던 것을 노아에게도 똑같이 말씀하심은 놀라운 은혜가 아닐 수 없습니다.

이어서 하나님은 사람의 생명은 귀하니 절대 죽이지 말라고 명령하시면서 살인에 대한 죗값은 생명으로 갚아야 함을 강조하십니다. 여기서 하나님이 사람의 생명을 귀하다고 말씀하시는 이유 또한 참으로 놀랍습니다.

피조물인 인간은 타락하여 창조주이신 하나님께 큰 실망을 안기었음에도 불구하고 하나님은 인간을 가망성이 없는 실패한 존재가 아니라, 여전히 당신의 형상으로 지은 존귀한 존재로 여기셨습니다.

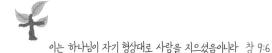

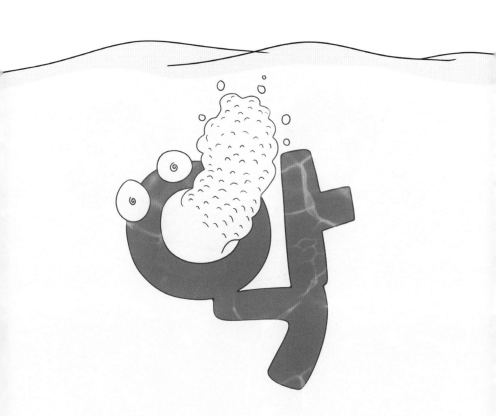

홍수 심판은 하나님이 얼마나 죄를 용납하지 못하시는가를 보여주는 대표적인 사건입니다. 하지만 하나님은 그 죄로 인해서 모든 것을 끝내버리는 분이 아니라 인간을 향한 사랑과 기대를 포기하지 않고 처음의 약속과 목적을 변함없이 이루어 가십니다.

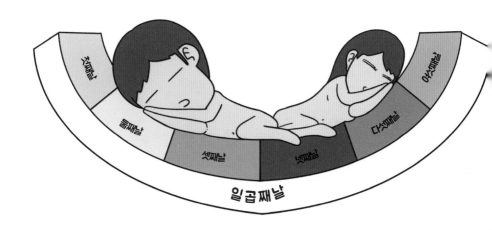

하나님은 노아를 대하시는 모습을 통해 인간을 임의로 만드신 것이 아니라 커다란 애정과 귀한 목적을 가지고 창조하셨음을 알게 합니다. 그러한 하나님의 애정은 창세기 1장부터 선명하게 드러나는 주제입니다.

모세가 창세기를 기록할 당시의 세계관은, 신들의 여러 활동 중에 부산물로 세상이 만들어졌고, 사람은 신들의 편의를 위해 피지배계급으로 지어진 것이라 여겼습니다.

그러나 성경은 완전히 다른 시작을 이야기합니다. 창세기 1장에서 하나님은 엄청난 애정과 관심을 갖고 세상을 창조하시고, 당신의 형상을 따라 사람을 만드신 후에 이렇게 말씀하십니다. "보시기에 심히 좋았더라(창세기 1:31)." 당시 세계관에 비추어 보았을 때 성경의 창조 이야기는 굉장히 경이로운 것이었습니다.

또한 하나님은 생물을 위해 그들이 살아갈 공간과 세상의 토대가 되는 구성물을 먼저 만드셨고, 동물을 위해 식물을 먼저 만드셨습니다. 이것은 세상이 우연히 발생한 것이 아니라 창조자의 조직적이고 세밀한 정성으로 만들어졌음을 보여줍니다.

동식물에 대해서는 각기 '종류대로' 만드셨음을 반복해서 강조합니다. 다양한 종류의 피조물들이 각각 다르게 만들어졌지만, 모든 것은 조화롭고 질서 있는 가운데 아름답게 존재했습니다. 서로의 다름이 반목과 차별과 갈등을 만들어내는 지금과는 전혀 다른 세상이었습니다.

이 세상은 하나님의 선하고 아름다운 성품이 고스란히 반영되어 있었고, 사람은 그분의 형상대로 지음을 받았습니다. 그리고 하나님은 사람에게 모든 권한을 위임하셔서 그들이 세상의 아름다움을 유지하고 보살피게 하셨습니다.

그러나 안타깝게도 세계의 질서와 아름다움은 죄로 인하여 왜곡되고 어그러져 버렸고, 결국 세상과 인간은 심판을 받게 됩니다.

이 지점에서 다시 한번 하나님께서 노아에게 하신 말씀을 살펴봅시다. "생육하고 번성하여 땅에 충만 하라(창세기 9:1)." "이는 하나님이 자기 형상대로 사람을 지으셨음이니라(창세기 9:6)." 하나님은 죄로 인해 어그러진 인간에게 여전한 사랑을 보여주고 계신 것입니다.

하나님께서 예수 그리스도를 이 땅에 보내실 만큼 인간의 죄는 위중합니다. 다시 말하면 그만큼 하나님은 우리를 사랑하시고, 우리를 회복시키고 싶어 하십니다. 우리는 하나님께 존귀한 존재로 인정받고 있는 것입니다.

이 땅에서 우리는 많은 경우 학력으로 혹은 재물과 사회적 신분으로 평가를 받습니다. 하지만 그리스도인은 우리가 하나님의 형상을 따라 지음 받은 존재임을 기억해야 합니다.

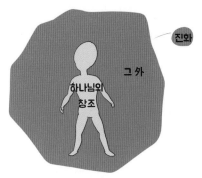

하나님의 '창조'는 사람에게 특별한 사건입니다. 하나님의 세밀한 계획과 사랑이 반영된 일이기 때문입니다. 이런 점에서 '창조'의 반대 개념은 단지 '진화론'이라기보다는, '하나님을 제외하고 근원을 설명하려는 모든 것'이라고 할 수 있습니다.

말씀으로
창조하셨다고
해서

입만
나불거렸다고
생각하면 안돼~!

우리가 꼭 기억해야 할 것은 살아계신 하나님께서 전력을 다한 사랑과 뜻을 가지고 이 세상과 사람을 창조하셨고, 그 뜻과 사랑은 홍수 사건 이후에도 그러했듯이 지금까지 변함없이 흘러왔다는 사실입니다.

5분 조직신학

창조

창조는 성경에서 가장 처음 나오는 내용인데 이 책에서는 10장에서야 다루게 되었다. 앞서 살펴본 내용들의 풍성한 의미들이 창조라는 개념에 누적되어 있음을 보여주기 위함이다. 지금까지 우리는 창조의 행위자이신 하나님의 속성을 살펴봤고, 이번 장에서는 창조가 하나님의 선한 계획과 완전한 목적으로 '작정'된 사건이며 그분의 전능하신 손길로 선하고 아름답게 이루어진 일이라는 것을 이야기했다. 창조에 대해 벌코프는 이렇게 설명한다.

> 하나님의 영광스러운 속성들은 그의 전 창조 속에서 드러난다. 그리고 이 드러남은 공허한 전시(show), 즉 피조물들에 의하여 찬미되는 단순한 전람으로 의도되지 않았으며, 그들의 복지와 완전한 행복을 증진시키려는 것을 목적하고 있다.[23]

창조는 하나님의 능력과 성품이 드러나는 영광스러운 사건이다. 수많은 신학자들은 '무로부터' 창조가 이루어졌다고 말하는데, 이것은 하나님이 창조의 시작이시며, 그 어떤 재료도 의존하지 않고 모든 것을 창조하셨고, 당신의 뜻과 의지와 능력으로 이 모든 일을 행하셨다는 고백이다. 또한 하나님이 이 세상의 진정한 주권자요, 통치자이시며 이것은 그 무엇에도 침해받지 않는 하나님의 권능임을 고백하는 것이다. 이처럼 창조에 대한 모든 의미는 하나님 안에서 비롯된다.

"시편 19편이 계속해서 말하는 것처럼, 하나님은 하늘에 해를 두셔서 온 세계에 온기와 빛과 생명을 주신다. 구름도 두셔서 만물이 자라도록 비를 내려 주신다. 하늘은 하나님의 자애로운 관대함을 선포한다. 이것이 바로 하나님이 천지를 지으신 이유다."

– 마이클 리브스 Michael Revees, 『선하신 하나님』

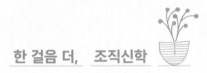

한 걸음 더, 조직신학

❶ 홍수 심판 이후에 노아를 통해 하나님이 보여주신 약속들은 무엇입니까? 그것을 통해 우리는 무엇을 알 수 있습니까?

❷ 만물이 '종류대로' 지어졌다는 의미는 무엇이며 우리가 얻게 되는 교훈은 무엇입니까?

❸ 사람을 창조하신 하나님의 마음은 어떤 것이었습니까? 우리가 나 자신과 이웃을 귀히 여겨야 하는 이유는 무엇이며, 어떻게 이러한 가치를 구체적 이고 지속적으로 실제 삶 속에서 실현할 수 있을지 고민해봅시다.

11장

합력하여 선을 이루시는 다스림

하나님의 섭리

당신들은 나를 해하려 하였으나 하나님은 그것을 선으로 바꾸사
오늘과 같이 많은 백성의 생명을 구원하게 하시려 하셨나니

창세기 50:20

사람은 태풍을 분석해서 방향과 크기를 가늠하고 대비책을 마련할 수 있으나 그것을 멈추게 할 수는 없습니다. 하지만 하나님은 태풍을 멈추게도 하시고, 풍랑을 잠잠하게도 하십니다.

사람은 자연을 분석할 수 있지만 다스리지 못합니다. 그저 주어진 조건 안에서 최선을 찾아가는 존재인 것입니다. 그런 의미에서 사람은 자기 인생의 최종 결재자가 될 수 없습니다.

인간은 눈앞의 상황을 인지하고 판단하고 개선할 뿐이고, 그것을 뛰어넘어 세상을 주관하시며 선하게 역사하시는 분은 바로 하나님이십니다. 요셉은 이것을 분명하게 인식하고 있었습니다.

요셉은 부모님께 절대적인 사랑을 받는 아들이었습니다. 그러다 느닷없이 낯선 나라에 팔려가 종의 신세가 되었습니다. 절망하고 낙담하고 앙심을 품고 복수를 계획할 수 있었지만, 그는 주어진 자리에서 최선을 다해 성실한 삶을 이어갑니다.

요셉은 자신의 처참한 현실을 애써 부정하지도 않고, 매순간 전력을 다해 살아갑니다. 그는 비겁한 편법을 쓰거나 핑계를 대거나 누군가에게 화풀이를 하지도 않았습니다. 언제나 하나님 앞에서 거룩한 삶을 살기 위해 최선을 다했습니다.

요셉이 애굽의 총리가 되어 형들을 다시 만났을 때 자신을 비참한 나락으로 내던진 것에 대한 복수를 할 수도 있었으나 그는 그것이 자신의 일이 아님을 알았습니다. 오히려 요셉은 하나님께서 자신에게 부어주신 사랑을 형들에게 베풀어 줍니다.

요셉이 고통의 끝자락에서 만나고 배운 하나님은 당신의 백성을 확실하게 책임지시는 분이었기 때문입니다. 우리는 위기가 찾아오면 괴로워하며 하나님을 원망하고 의심합니다. 나에게 손해를 입히거나 피해를 준 상대에게 분풀이를 하려고 합니다.

요셉은 자신의 감정이나 상황을 기준으로 하나님을 판단하지 않았습니다. 위기의 순간마다 환경과 조건을 넘어서서 일하시는 하나님을 만났기 때문입니다. 어떤 상황에서도 선한 일을 행하시는 신실하신 하나님을 보고 듣고 경험했던 것입니다.

천지 창조부터 시작되는 성경은 이 세상이 하나님 보시기에 지극히 아름답게 이루어졌음을 강조합니다. 사람은 하나님 보시기에 좋았던 세상에서 그분의 총애를 한가득 받으며 창조되었습니다.

그렇기 때문에 이후 성경의 모든 이야기는 사람을 총애하고, 선하고 의롭게 다스리시는 하나님의 성품 안에서 전개되는 것임을 전제로 해석해야 합니다.

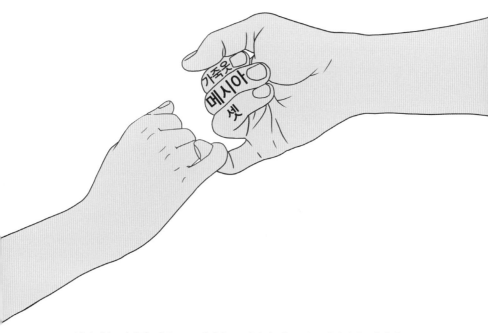

하나님은 이러한 성품으로 세상을 포기하지 않고 다스리십니다. 타락한 사람에게 여자의 후손(구원자)을 약속하시고, 부끄러워 하나님의 낯을 피하는 그들에게 가죽옷을 입히십니다. 가인은 아벨을 죽였지만 하나님은 셋을 통해 믿음의 자손을 이어가십니다.

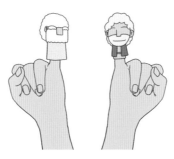

사람의 죄악이 세상에 가득했으나 하나님은 노아와 언약을 세우시며 다시금 생육하고 번성할 것을 말씀하십니다. 사람은 하나님을 대적하여 바벨탑을 세웠지만 혼란한 중에도 아브라함을 불러내십니다. 그리고 하나님과 아브라함 가족의 약속이 요셉까지 이어져 온 것입니다.

아브라함 후손들의 인생은 하나님을 떠나지 않으면 그분이 반드시 책임지신다는 사실을 깨닫게 합니다. 환경과 조건에 얽매이지 않고 선한 일을 이루어 가시는 신실한 하나님을 발견하게 합니다. 요셉은 이런 하나님에 대해 잘 알고 있었습니다.

창세기 50장 19절을 보면 요셉은 복수 대신 이와 같은 고백을 합니다.

요셉이 그들에게 이르되 두려워하지 마소서 내가 하나님을 대신하리이까 당신들은 나를 해하려 하였으나 하나님은 그것을 선으로 바꾸사 오늘과 같이 많은 백성의 생명을 구원하게 하시려 하셨나니 창세기 50:19-20

내가 참아야지이이이이~

맘 바뀌기 전에 저 칼을 치워야 할 텐데…

누구라도 자신을 버린 형들과 마주하게 된다면, 하나님의 이름을 앞세워 그들을 저주하고 심판하고 복수하고 싶지 않겠습니까? 그러나 요셉은 "내가 하나님을 대신하리이까"라며 자신의 감정과 판단을 접어두고 하나님을 철저하게 인정하는 모습을 보여줍니다.

자신의 꽃다운 젊은 날이 깊은 웅덩이에 던져졌던 요셉에게 믿음이란 무엇이었을까요? 그는 놀랍게도 "하나님이 선하게 인도하신다."라는 고백을 하며 하나님을 신뢰했습니다.

하나님의 선한 다스림 아래 있던 요셉은 유혹에 흔들리지도, 분노에 휩싸이지도 않았습니다. 감옥에 갇혀 있었지만 성실한 일상을 살아내는 데 게으르지 않았습니다. 그러기에 총리라는 높은 지위에 올라서도 오만방자하지 않고, 손에 쥔 권력으로 복수하지 않을 수 있었던 것입니다.

요셉은 가장 낮은 자리인 감옥에서도 하나님 앞에 성도였으며, 가장 높은 총리의 자리에서도 하나님을 신뢰하는 성도였습니다. 그리고 하나님은 요셉의 모든 순간마다 당신의 백성을 지키고 보호하시는 언제나 동일하신 하나님이셨습니다.

요셉의 일생을 보면 "모든 것이 합력하여 선을 이룬다(로마서 8:28)."라는 말씀이 떠오릅니다. 요셉을 질투한 형들의 악행으로 선을 이루시는 하나님의 역사가 보입니다. 인간이 아무리 치밀하게 악을 계획할지라도 모든 것을 합력하여 선을 이루어내시고야 마는 하나님의 열심이 선명하게 보입니다.

사람의 극악함과 배반으로 예수 그리스도가 죽게 되지만 오히려 그것을 구원의 통로로 만드시는 반전의 하나님을 기억해야 합니다. 사람과 세상을 당신의 전능함과 의로움으로 다스리시고, 끝끝내 멈추지 않고 선을 이루시는 하나님의 특별한 다스림이 바로 하나님의 섭리입니다.

하나님의
섭리

'위기는 기회다'라는 말이 있다. 그런데 몇몇 사람에게는 기회가 될지 몰라도 대다수의 사람들에게 위기는 그냥 위기일 뿐이다. 우리에게 위기란 기회를 제공하기 때문에 의미있는 것이 아니라, 요셉이 그러했듯이 위기의 순간도 여전히 하나님이 다스리시는 시간이기 때문이다. 그는 하나님의 성품을 신뢰했기에 선을 위해 애쓰고, 정당한 방법으로 어려움을 타개할 수 있었다. 요셉의 성공은 총리가 된 것이 아니라, 복수하지 않은 것에 있다.

이신론理神論, Deism은 하나님이 세상을 만들기는 했으나 관심을 두지 않는다고 말한다. 범신론汎神論, pantheism은 세상과 하나님을 동일하다고 말한다. 그러나 하나님의 섭리는 이신론과 범신론과는 정반대의 개념이다. 하나님은 적극적으로 우리 삶에 개입하셔서 선한 길로 인도하시기에 이신론과 다르며, 그분은 세상을 만드신 창조자이며 모든 조건과 환경을 뛰어넘는 초월자로서 피조 세계와 명백하게 구별되시기에 범신론과 다르다.

커버넌트 신학교에서 20년 이상 가르쳤고 낙스 신학교 학장을 역임하였던 개혁주의 조직신학자 레이몬드 박사는 이러한 하나님의 섭리 사역에 대해서 다음과 같이 간명하게 정리한다.

> 만물의 위대한 창조자 하나님께서는 모든 피조물들과 그들의 언행심사를 보존하시고, 감독하시고, 처리하시고, 통치하신다. 그는 가장 큰 것으로부터 가장 작은 것에 이르기까지 그렇게 하시며, 그의 가장 지혜롭고 거룩한 섭리에 의하여, 그의 무오한 예지와 그 자신의 의지의 자유롭고 불변하는 계획을 따라서 하신다. 이로써 그의 지혜, 능력, 공의, 선하심 그리고 자비의 영광을 찬미케 하신다. … 하나님은 그의 일반적 섭리에 여러 수단들을 사용하신다. 그렇지만 그는 그 수단들 없이 그것들을 초월하여, 그리고 역행하여서도 그의 기쁘신 뜻대로 자유롭게 역사하신다.[24]

성도의 삶은 하나님의 다스림과 방법을 신뢰하고 의지하는 것이다. 하

나님은 우리를 통하여 당신의 선하신 섭리가 드러나고 찬양받게 되기를
바라신다.

"하나님의 섭리를 기억하지 않는 것은 곧 하나님을 경시하는 죄에
해당한다. 하나님께서는 섭리를 통해 우리에게 가까이 다가오신다."

– 존 플라벨 John Flavel, 『섭리의 신비』

❶ 요셉의 "내가 하나님을 대신하리이까(창 50:19)?"라는 말을 여러분의 표현으로 바꾸어봅시다. 구체적인 상황 속에서 어떤 고백이 이와 같은 의미를 갖게 되겠습니까?

❷ "모든 것이 합력하여 선을 이룬다(로마서 8:28)."라는 말은 막연한 기대감이나 긍정의 힘이 아닙니다. 이 고백을 어떻게 해석해야 합니까?

❸ 하나님의 섭리를 확신하는 사람으로서 가져야 할 마음가짐이나 삶의 습관, 태도에 대해 나눠봅시다.

12장

반항심 가득한 가출

타락

여호와 하나님이 이르시되 보라
이 사람이 선악을 아는 일에 우리 중 하나 같이 되었으니
그가 그의 손을 들어 생명 나무 열매도 따먹고 영생할까 하노라 하시고

창세기 3:22

아담과 하와는 하나님의 명령보다는 뱀의 유혹을 따라서 보암직하고 탐스러운 열매를 따먹습니다. 그 순간은 스스로 현명한 선택을 했다고 여겼을지 모릅니다. 하지만 하나님을 무시한 선택은 죄의 기원이 되고 맙니다.

하나님은 타락한 인간을 바라보시며 "사람이 선악을 아는 일에 우리 중 하나 같이 되었다."라고 말씀하셨습니다.

하나님의 이 말씀은 어떤 의미일까요? 선악을 아는 일에 관하여 하나님과 같이 되었다면 오히려 좋은 일이 아닌가 싶기도 하고, 선악과 사건 이전에는 선과 악을 알지 못했고 판단할 능력도 없었던 것인가 반문하게 됩니다.

게다가 하나님은 당신의 형상대로 사람을 지으시고 보기에 좋다고 하셔놓고는 이제 와서 "우리 중 하나 같이" 된 것을 경계하고 못마땅해 하시는 것 같아서 참 의아합니다. 도대체 하나님은 왜 이런 말씀을 하셨을까요?

아담과 하와가 "선악을 알게 되었다"라는 것은 이전에는 선악을 몰랐다가 이제야 알게 되었다는 의미가 아닙니다. 이것은 선과 악을 스스로 결정하는 존재가 되었다는 뜻으로 이해해야 합니다.

세상의 모든 질서와 선악은 창조주이신 하나님이 결정하셨습니다. 우리는 앞선 장에서 하나님의 의지가 선하고 의롭다는 것을 살펴보았습니다. 따라서 우리는 하나님이 정하신 선과 악의 기준 또한 선하고 의롭다는 것을 인정해야 합니다.

하지만 아담과 하와는 하나님의 명령을 어기고 선악과를 따먹음으로 하나님의 결정보다 자신의 결정을 더 높게 여겼습니다. 그들은 스스로 선과 악을 결정하는 보스boss가 되어 자신에게 좋으면 선이고, 방해가 되면 악으로 규정하게 됩니다.

이것이 "사람이 선악을 아는 일에 우리 중 하나 같이 되었다"라는 말씀의
의미입니다.

하나님은 사람이 거룩하고 지혜롭게 되어 하나님의 형상을 마음껏 발현하
는 것을 기뻐하십니다. 사람이 날마다 새롭게 발전하는 것을 왜 싫어하시
겠습니까? 그러나 선악을 알게 되었다는 것은 발전이 아니라 사람이 하나
님과 단절하고 스스로 왕이 된 슬픈 일입니다.

사람은 하나님으로부터 생기를 받아 창조되었기에 그분 안에서 생명과 의와 사랑을 공급받을 때 가장 온전해집니다. 그러나 사람은 그 공급선을 끊어버리고 자급자족을 선택합니다. 하나님은 생명이 끊긴 사람의 상태를 슬퍼하시는 것입니다.

사람의 타락은 하나님으로부터 자립이 아니라 가출과도 같습니다. 부모의 보호와 사랑을 속박으로 여기고 집을 나가면 잠깐 자유를 만끽할 수 있을지 모르지만. 이내 위협적인 세상과 부딪히고 궁핍한 처지에 이르게 되는 것처럼 말입니다.

많은 사람들이 왜 하나님은 선악과를 만들어서 사람을 유혹에 빠지도록 하느냐는 질문을 합니다. 이처럼 그분의 의도를 삐딱하게 해석하는 것은 하나님에 대한 무지와 오해에서 비롯된 것입니다.

하나님이 선악과를 공연히 만드셨을 리는 없습니다. 선악과는 인간에 대한 하나님의 깊은 사랑의 증표입니다.

에덴동산의 모든 것을 자유롭게 누릴 수 있었던 아담과 하와에게 선악과는 자신들의 주인이 세상을 창조하시고 법과 질서를 세우신 하나님이심을 깨닫게 해주는 도구였습니다. '선악을 알게 하는 나무의 열매는 먹지 말라'라는 명령에 순종하는 것은 최고 책임자이자 최종 결정권자가 하나님이심을 인정하는 것이었습니다.

이것이 자유를 구속하는 족쇄처럼 느껴지십니까? 우리의 주인이 창조주이심을 기억한다면 오히려 선악과는 커다란 보호막이자 안식처였음을 깨닫게 됩니다. 세상을 만드신 하나님이 작은 나를 사랑하시고 보호하신다는 사실은 그 어떤 것과도 비견할 수 없는 최고의 행복일 것입니다.

부부의 결혼반지는 족쇄가 아니라 사랑의 증표입니다. 마찬가지로 하나님께서는 애정의 증표로 아담과 하와에게 선악과를 주시고 그들과 언약을 맺으셨습니다.

고작 과일
한 입이라고?!
아닐텐데…

선악과는 하나님과 인간의 신뢰와 사랑의 관계를 증명하는 것입니다. 선악과를 먹음은 그들이 하나님과의 약속을 가볍게 여기며 "하나님은 없어도 돼." "하나님보다 내가 옳아."라고 생각했다는 것을 의미합니다.

타락은 하나님과의 단절입니다. 그분과 상관없이 내 뜻대로 살겠다는 반항입니다. 생명을 주신 분을 무시하며 "더 이상 당신이 필요 없습니다."라고 말하는 것입니다. 이에 대한 하나님의 반응은 결코 열매 하나 따먹은 것에 대한 시비가 아닙니다.

자신의 힘으로 하늘에 닿고자 바벨탑을 쌓은 것은 하나님에 대한 도전이었으나, 겸손히 듣는 마음을 구했던 솔로몬의 간구는 그분을 기쁘시게 했습니다. 하나님의 약속대로 번성하였음을 확인하기 위한 민수기의 인구조사는 허락되었으나 자신의 병력과 권세를 드러내기 위한 다윗의 인구조사는 죄로 기록되었습니다.

성경에 나오는 개념들은 하나님과의 관계를 기준으로 설명할 수 있습니다. 죄는 하나님에게서 벗어남이고, 구원은 하나님과 함께 있음이며, 지혜는 하나님을 경외함이고, 기도는 하나님과의 대화입니다. 타락은 하나님으로부터 끊어진 것이기에 그분과 우리 관계의 모든 의미는 사라지게 됩니다.

왕이신 하나님이 우리를 다스리신다는 것은 억압적인 지배가 아니라 당신이 창조하신 인간이 가장 최적의 조건에서 아름답게 성장할 수 있도록 생명을 유지해주시는 것입니다. 타락은 그런 하나님을 의심하는 것에서부터 시작됩니다. 스스로 최종 결재자가 되어 하나님으로부터 도망치는 어리석은 가출인 것입니다.

타락

선악과 사건은 단지 하나님의 말씀에 순종하지 않은 행동만이 문제가 아니다. 하나님보다 자신의 생각이 더 옳다고 여기는 그분에 대한 불신, 하나님의 말씀보다 내가 하고 싶은 것을 우선시하는 그분에 대한 반역, 열매를 먹지 못하게 금하신 하나님이 내 편이 아닐 것이라는 오해가 근본적인 문제였다. 신뢰가 깨지자 인간의 모든 생각과 의도와 행동은 하나님의 반대편에 서게 된다. 우리는 종종 하나님을 자신만의 규칙을 정해놓고 그것에 위배되면 단칼에 벌을 내리시는 분이라고 생각한다. 그래서 아담과 하와의 일탈에 대해 그들이 자유를 찾아 나선 것이라고 변호한다. 분명한 사실은 사람에게 생명을 주시고 세상의 질서를 만드신 분이 하나님이시기에 우리는 그분 안에 머물 때 비로소 가장 온전한 행복을 경험할 수 있다는 것이다. 하나님의 질서 안에 있다는 것은 더 안전하게 보호받는 가운데 마음껏 행동할 수 있다는 뜻이지 우리가 어떠한 규율 안에 갇혀있다는 의미가 아니기 때문이다. 하나님으로부터 생명과 사랑을 공급받는 곳에서 안전하게 자유를 만끽하는 것은 인간에게 베푸시는 하나님의 큰 은혜이다.

PRTS^{Puitan Reformed Theological Seminary}의 조엘 비키^{Joel R. Beeke} 교수는 죄에 대해 다음과 같이 정리한다.

성경은 "죄를 짓는 자마다 불법을 행하나니 죄는 (하나님에 대한) 불법이라"(요일 3:4)라고 말씀한다. 그러므로 죄는 우리의 행위와 태도와 본성으로 하나님의 도덕법을 준수하는 일에 실패한 것이라고 할 수 있다. 즉, 우리가 절대 하지 말아야 할 일을 행하거나 되지 말아야 할 존재가 되는 것(실행의 죄), 우리가 반드시 해야만 하는 일을 하지 않거나 되어야만 하는 존재가 되지 않은 것(태만의 죄) 그 모두가 죄인 것이다. 죄는 불의이며, 모든 불의는 하나님을 대적하고 반대한다. 그러므로 본질적으로 죄는 하나님과 반대되는 모든 것이다. 죄는 하나님을 무시한다. 그리고 그것은 하나님의 속성과 계명과 그분의 언약을 침해한다. 즉, 마틴 루터가 잘 표현했듯이, 죄는 '하나님을 하나님 되시게' 하는 모든 일에 실패하는 것이다. 죄는 하나님을 의로우신 보좌에서 끌어내리고 그 보좌에 사람이나 사물을 앉히려는

사악한 시도이다.[25]

조엘 비키와 루터의 언급처럼 선악과 사건은 하나님을 하나님 되시게 하는 일에 실패한 것이다. 하나님과의 신뢰 관계를 깨고 우리가 스스로 선악을 판정하는 왕의 자리에 올라갔다. 지금 시대는 이러한 풍토가 더욱 만연하기 때문에 우리는 더욱 죄와 타락의 의미를 심중에 새기고, 우리를 구원의 길로 인도하시는 예수 그리스도의 이름을 기억해야 할 것이다.

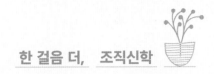

❶ 창세기 3장 22절에서 "이 사람이 선악을 아는 일에 우리 중 하나 같이 되었으니"라는 말씀의 뜻은 무엇입니까?

❷ 하나님이 선악과를 사람에게 주셨던 이유는 무엇입니까? 사람은 어떤 유익을 누릴 수 있었습니까?

❸ 선과 악을 스스로 결정하는 나의 모습에는 어떤 것이 있는지 생각해봅시다. 하나님을 하나님의 자리에 있지 못하게 하는 것들에 대해서 말해봅시다.

❹ 그분이 우리 삶의 최종 결재자임을 드러낼 수 있는 선택과 행동은 무엇입니까?

13장

존중과 애정의 선악과

자유의지

여자가 그 나무를 본즉 먹음직도 하고 보암직도 하고
지혜롭게 할 만큼 탐스럽기도 한 나무인지라
여자가 그 열매를 따먹고 자기와 함께 있는 남편에게도 주매
그도 먹은지라

창세기 3:6

우리는 앞서 선악과에 얼마나 중요한 의미가 담겨 있는지 살펴보았습니다. 그런데 여전히 의문이 남는 것은 아담과 하와가 선악과를 따먹으려고할 때 하나님께서는 왜 그냥 보고만 계셨는가 하는 것입니다. "하나님이좀 막아주시지!"

하나님은 아담과 하와를 그냥 내버려 두신 것이 아니라 그들의 선택을 존중하신 것입니다. 그러나 하나님께서 방관하셨다는 생각을 지울 수 없는사람들이 많을 것입니다. 과연 존중과 방관 사이에서 선악과는 어떤 의미를 가지고 있을까요?

하나님은 사람을 창조하고 단 한 번도 강제로 통제하거나 조종하지 않으셨습니다. 언제나 자신의 의지를 가지고 선택할 수 있도록 하셨습니다. 우리를 로봇처럼 취급하신 것이 아니라, 인격체로서 존중해주신 것입니다.

선택은 사람만의 특권입니다. 동물도 선택을 하지만 그것은 생존을 위한 본능일 뿐입니다. 사람만이 가치관을 가지고 의미를 부여해서 선택과 결정을 합니다. 이것은 하나님의 형상을 지닌 사람의 고유한 특징입니다.

사람이 자유롭게 판단하고, 선택하고, 행동하는 것은 하나님의 형상대로 지음 받았다는 증거입니다. 만약 이러한 인격적 활동을 제한한다면, 그것은 하나님의 형상을 망가뜨리는 것과 다름이 없습니다.

사람이 하나님의 뜻에 반(反)하는 선택을 했을 때 인위적으로 개입하지 않으신 것은 사람을 존중하셨기 때문입니다. 하나님은 당신의 형상을 입은 사람이 자발적으로 순종하기를 원하시지, 사람의 인격성을 파괴하면서 억지로 끌고 가지 않으십니다.

심지어 하나님은 그리스도를 통한 구원의 길을 만들어 잘못된 선택으로 하나님을 떠나게 된 사람들이 다시금 되돌아올 수 있도록 하셨습니다. 이렇게 하나님은 모든 것을 각오하시고 사람의 사람됨을 보존해주셨던 것입니다.

하지마~

'하지마'는
'하지마'
지금부터 아무 것도
안함!!

만약 하나님의 강제적인 개입으로 사람의 자발성을 제한해서 선악과를 먹지 못하게 했다면, 그것은 그저 '안 먹음'이라는 상태를 유지했을 뿐 아무런 의미가 될 수 없습니다.

자녀가 부모에게 달려와 안기며 진심 어린 마음으로 "사랑해요!"라고 말하는 것과 인공지능 로봇에게 "사랑해!"라는 단어를 입력해서 재생하는 것이 다른 것처럼 말입니다.

자, 여기까지는 어느 정도 이해가 되었을 것입니다. 그런데 이것은 아담과 하와가 선하게 창조되었다는 것이 전제되었을 때의 상황이고, 이미 태어날 때부터 타락한 상태에 있는 우리에게도 동일하게 적용될 수 있는 걸까요?

"타락은 사람의 전(全) 인격이 망가졌다는 뜻인데 자유의지 또한 없어진 것이 아닐까?"라는 의문이 들 수 있습니다. 타락한 사람을 심판하신 이후에 하나님이 노아에게 어떻게 말씀하셨는지 떠올려 봅시다. 하나님은 여전히 우리가 "하나님의 형상"이라고 선언하셨습니다.

다른 사람의 피를 흘리면 그 사람의 피도 흘릴 것이니 이는 하나님이 자기 형상대로 사람을 지
으셨음이라 창세기 9:6

타락한 이후에도 우리 안에는 여전히 하나님의 형상이 남아있다는 것입니
다. 우리는 하나님이 창조하신 본래의 사람됨을 지니고 있는 인격적인 존
재로서 자유로운 의지 또한 가지고 있습니다.

그런데 여전히 문제가 남아 있습니다. 그 자유의지가 죄로 인해 왜곡된 성품과 성향으로 발동하기 때문입니다.

하나님이 허락하신 자유인데 하나님을 적대하는 악한 일에 더 빨리 반응한다는 것입니다. 옳고 그름을 제대로 분별하지 못하고 자기 스스로 설정한 선악의 기준을 따라 하나님의 뜻과 무관하게 수많은 일을 결정합니다.

물이 든 양동이를 머리에 이고 물속으로 들어가면 그 무게를 느낄 수 없듯이 우리의 삶은 죄 속에서 죄의 무게를 알지 못한 채 죄에 눌려있다는 사실을 기억해야 합니다.

우리는 죄의 지배 아래 불투명한 시야로 세상을 바라보며 어그러진 가치관과 오염된 양심으로 편향된 선택을 하고 있습니다. 자유로운 것 같으나 오히려 자유롭게 선한 일을 선택하지 못하는 부자유함 안에 있는 것입니다.

바울은 갈라디아서에서 믿음으로 새롭게 된 이들만이 진정한 자유를 만끽할 수 있다고 말합니다. 죄의 압제에서 벗어나 기쁨으로 선을 선택할 수 있는 자유 말입니다.

6장에서 살펴보았듯이, 우리 삶의 주인은 바로라는 압제의 왕에서 하나님이라는 구원의 왕으로, 죄라는 왕에서 예수님이라는 왕으로 바뀌었습니다. 그래서 우리는 자유를 만끽하며 하나님 나라의 선한 일을 할 수 있게 되었습니다.

왕이신 하나님의 다스림은 우리의 자유를 더욱 활기 있게 해주는 토대이기에 그분의 주권과 우리의 의지는 대립되지 않습니다. 하나님의 주권은 우리의 자유를 보장해주는 운동장입니다. 오히려 자유의 반대는 '강제성'이고, 죄는 그 강제성으로 우리를 짓눌러 왔습니다.

사람에게 인격과 자유의지를 주시고 그것이 훼손되지 않도록 끝까지 존중
하심은 하나님이 사람을 얼마나 귀하게 만드셨는지를 잘 보여줍니다. 우
리가 하나님을 떠나 스스로 죄에 속박되었으나 하나님은 다시금 온전한
자유를 찾을 수 있도록 길을 열어주셨습니다. 그리스도를 믿는 것이 우리
삶의 근본으로 돌아가는 길임을 기억해야 합니다.

자유의지

자유의지가 하나님의 주권과 대립된다고 생각할 수 있다. 하나님께서 당신의 뜻대로 행하시는 것과 사람이 자기 마음대로 선택하는 것이 충돌된다고 여겨지기 때문이다. 그러나 하나님의 성품과 속성, 그리고 하나님의 작정 등의 개념을 종합해서 고려할 때, 하나님의 주권은 우리가 더욱 온전하게 활동할 수 있는 영역을 확보해주는 개념으로 이해해야 한다. 우리를 총애하시는 하나님의 주권이 뚜렷해질수록 사람은 더욱 존귀해지는 것이다. 물론 우리의 자유의지와 선택이 완전히 보장되면서도 어떻게 하나님의 뜻이 완전히 실행될 수 있는지는 신비의 영역(신명기 29:29)이다. 하지만 세상의 창조자이신 하나님은 이 세상에서 벌어지는 일들과 조건을 넘어서서 일하시는 분이시다. 그래서 불의의 일격이 하나님을 방해하지 못하고, 악의 활동 속에서도 하나님은 선한 결과를 이루어 내시기에 우리는 하나님의 지혜와 능력에 찬양을 돌릴 뿐이다.

이런 맥락에서 하나님의 주권은 사람의 자유의지와 대립되지 않으며, 자유의지의 토대이며 밑거름이다. 사람의 자유의지와 인격을 침해해서 왜곡시키고 편향적으로 행동하도록 하는 것은 죄의 세력이다. 그래서 자유의지의 반대 개념은 '강제성'과 '죄'인 것이다. 사실 죄의 강제성이라는 것이 피부로 확 느껴지지는 않을 것이다. "죄가 나를 강요한다고? 나는 내 의지를 가지고 나름 착하게 살고 있어!"라고 항변할 수 있다. 물론 세상의 기준에서 도덕적인 선행을 하려는 의지가 없다는 말이 아니다. 그러나 타락한 우리의 영혼은 죄로 인해 뒤틀리고 왜곡되었기에 하나님이 뜻하신 완전한 자유를 실현하지 못하고 있다는 것이다. 자신의 소견대로 자유롭게 행하는 듯하지만, 그것은 자기 성향을 따라 사는 것일 뿐 하나님이 주시는 참된 가치를 실현하기 위한 것은 아니다.

성도가 진정한 자유와 참된 선을 행할 온전한 의지를 회복하기 위해서는 그리스도와 하나 되는 믿음이 우선적으로 필요하다. 자유의 진짜 의미를 깨달은 사람은 선을 행하는 것에 무관심하거나 부담스러워 할 수 없다. 기쁘고 자발적인 마음으로 자유롭게 선을 행하게 되는 것이다. 어거스틴은 이와 관련해서 인간의 상태를 네 가지로 구분했다. 첫 번째는 죄를 지을 수 있고 짓지 않을 수도 있는 posse peccare, posse non peccare 타락 이전의 상태이다. 두 번째는 타락한 이후로 죄를 짓지 않을 수 없는 상태 non posse non peccare

이다. 세 번째는 믿음을 가진 성도가 비로소 죄를 짓지 않을 수 있게 된 구원 이후의 상태^{posse non peccare}이다. 마지막은 우리가 온전하게 완성되어 죄를 지을 수 없는 영화의 상태^{non posse peccare}이다. 흔히 내 마음대로 행동하는 것을 자유라고 생각하지만, 그것은 죄를 절제하지 못하는 무능력한 상태일 뿐이다. 성도에게는 죄를 거부하고 선을 행할 수 있는 자유가 주어진 것이며 완전하고 행복한 자유가 하나님 안에서 이루어지는 것이다. 이러한 자유의 의미에 대해서 후크마^{Anthony Andrew Hoekema}는 다음과 같이 정리한다.

뼈들은 단단하고 구부러지지 않는다. 그러나 그렇다고 해서 뼈들이 우리를 억압하기 위하여 있는 것은 아니다. 오히려 우리를 돕기 위하여 뼈들이 있다. 뼈 없이는 사람이 움직일 수 없기 때문에 사실상 뼈들은 우리로 하여금 자유스러운 행동과 움직임을 하도록 한다. 하나님의 율법도 이와 같다. 비록 우리는 하나님의 율법들을 마치 우리의 자유를 억압하는 양 생각하지만 실제는 그렇지 않다. … 일반적으로 우리는 자유와 섬김을 대조적으로 생각한다. 섬기는 자는 결코 자유자가 아니라고 생각한다. 그러나 하나님의 나라에서는 그렇지 않다. 로마서 6장으로부터 우리는 종노릇하게 하는 죄의 섬김에 대해 배운 바 있다. 그러나 그러한 노예 상태로부터 해방된 후에 우리는 새로운 종류의 섬김의 상태로 들어가게 된다. 즉 우리는 의와 하나님께 대해서 종이 된다. 우리는 "하나님을 섬기는 섬김이 완전한 자유"라는 것을 알면서 기쁨으로 그분을 위해 살게 된다.[26]

하나님의 주권과 우리의 자유는 대립되지 않는다. 그분의 법과 우리의 자유도 대립되지 않는다. 하나님은 우리를 새롭게 하셔서 선한 인격으로 마음껏 자유롭고 기쁘게 사랑을 나누도록 만들어 가신다. 그러한 최종 목적을 위해 타락의 순간에도 우리의 자유의지를 꺾지 않으시고, 죄로 인해 왜곡된 자유에서 해방시키시려는 하나님의 구원 역사를 제대로 알아야 할 것이다.

"하나님은 역사를 주관하신다 해서 우리의 행동을 강요하지 않으신다. 그런데 우리의 행위는 걸음 하나하나까지도 다 그분의 계획 속에 들어있다... 즉 선택이 부실하면 고통과 고생이 뒤따른다. 그러나 설령 우리가 실패해도 인생이 완전히 파탄 나지는 않음을 잊지 말라. 하나님이 우리의 실패까지도 엮으셔서 본래의 계획을 이루신다."

– 팀 켈러 Timothy Keller, 『오늘을 사는 잠언』

❶ 하나님이 선악과를 먹는 아담과 하와를 강제적으로 막지 않으신 것이, 어떤 의미에서 사람에 대한 존중입니까?

❷ 하나님의 형상으로서 사람만이 가지고 있는 고유한 특징은 어떤 것들이 있습니까?

❸ 하나님의 주권과 인간의 자유의지는 어떤 관계입니까? 그리고 자유의지에 반대되는 개념은 무엇입니까?

❹ 성도로서 우리의 자유를 어떻게 사용해야 합니까?

14장

노아의 저주

죄와 전적 타락

노아가 술이 깨어 그의 작은 아들이
자기에게 행한 일을 알고 이에 이르되
가나안은 저주를 받아 그의 형제의 종들의
종이 되기를 원하노라 하고

창세기 9:24-25

배우 윌 스미스Will Smith가 출연한 영화 〈나는 전설이다〉는 좀비 바이러스에 감염된 지구에서 유일하게 항체를 보유한 주인공이 자신의 피로 치료제를 개발해서 한 여인과 아이에게 보내는 장면으로 끝이 납니다.

신학교 시절 교수님께서 수업 중에 이 영화를 소개하시며 치료제를 투약해서 새로운 아이가 태어났는데 그 아이가 여전히 좀비라면 어떨 것 같은지 물으셨습니다. 상상하는 것만으로도 큰 절망감이 느껴졌습니다. 그리고 이 절망감은 오늘의 주제와도 이어집니다.

창세기 9장에서 노아가 자신의 아들을 저주하는 장면은 쉽게 납득하기 힘듭니다. 본인이 술에 취해 옷도 제대로 안 입고 쓰러져 잤으면서 그것을 보고 비웃은 아들에게 저주까지 하는 것은 부당하게 여겨집니다.

미안해 할 타이밍

미안해하기에 늦은 타이밍

그러나 이 사건에는 노아가 한탄하며 아들을 저주할 만한 의미가 담겨 있습니다. 홍수 심판에서 유일하게 살아남은 노아의 가족에게 하나님께서 새로운 시작을 약속하시고 선포하신 시점에 벌어진 사건이기 때문입니다.

우리는 보통 노아가 술에 취했다는 사실에 주목합니다. 그래서 그가 무절제하고 방탕한 삶을 살았을 거라고 추측하기도 합니다. 그런데 신학자들은 홍수 심판 후 새로운 역사 초기에 노아가 포도주의 효능에 대해 잘 알지 못하고 마시다가 취했을 가능성에 대해 말합니다.

성경의 문맥을 살펴보아도 특별히 노아의 행동을 지적하고 있지 않습니다. 오히려 창세기 본문은 술에 취한 노아보다 쓰러진 아버지를 향한 아들들의 행동에 집중합니다.

아버지 노아가 벌거벗은 채 누워있는 것을 먼저 발견한 '함'은 밖으로 나가 다른 형제들에게 이 사실을 알립니다. 여기서 '알렸다(창세기 9:22)'라는 것은 경솔하게 떠벌리듯이 이야기했다는 의미입니다. "저것 봐라. 아버지가 벌거벗고 누워있다. 왜 저러냐." 이런 식으로 말하지요.

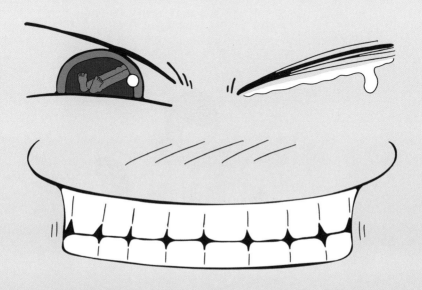

함은 취해서 벌거벗은 아버지에게 아무런 조치도 취하지 않고, 그저 떠벌리고 비웃었습니다. 그의 모습에서는 아버지 노아에 대한 존중이 전혀 느껴지지 않습니다. 바로 이 지점에서 우리는 홍수 심판 이후에도 죄의 씨앗은 여전히 남아서 자라고 있었음을 보게 됩니다.

사람이 서로 간에 공경심과 자애심 없이 반목하며 비웃는 것은 타락의 큰 특징입니다. 아담과 하와가 처음 타락했을 때를 생각해봅시다. 하나님은 선악과를 먹고 숨어있는 아담에게 먹지 말라고 명령한 나무 열매를 왜 먹었는지 물으셨습니다.

그때 아담은 원망과 핑계 섞인 대답을 합니다. "**하나님**이 주셔서 나와 함께 있게 하신 **여자**가 그 나무 열매를 내게 주므로 내가 먹었나이다(창세기 3:12)." 자신보다는 하나님과 하와를 탓하고 있습니다.

이것은 아담이 하와를 처음 만났을 때의 모습과는 무척 대조적입니다. "(하와는) 내 뼈 중의 뼈요 살 중의 살이라(창세기 2:23)."라는 아담의 고백은 "I love you."를 넘어서 "I am you."를 향하고 있습니다. 나와 너의 구분이 없을 만큼 아담은 하와를 한 몸으로 여기고 깊이 사랑했습니다.

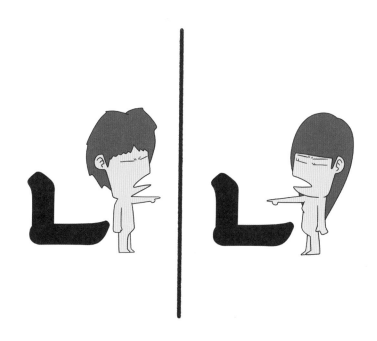

그러나 타락한 아담은 부끄러움을 알고 사랑하는 사람을 탓하게 되었습니다. 부끄러워한다는 것은 죄로 인해 육체가 본래의 완전함을 잃어버렸다는 것이며, 감출 것도 가릴 것도 없던 관계에 배타성이 생겨 나와 너의 경계가 그어졌다는 뜻입니다.

배타성은 하나님을 향한 마음에도 영향을 미쳐서 아담과 하와는 하나님을 피해 숨었을 뿐만 아니라 하나님을 원망하게 되었습니다. 서로에 대한 존경과 애정이 없어지는 배타성은 죄로 말미암아 화평이 깨어진 대표적인 모습입니다.

창세기의 이 본문은 아버지 노아에 대한 아들 함의 배타성을 고발하고 있는 것입니다. 노아의 실수와 부끄러움을 가려주기는커녕 비웃고 떠벌리는 함의 모습은 타락한 성품의 전형입니다.

인류는 죄에 대한 하나님의 홍수 심판을 면하고 살아남은 한 가족으로부터 새 출발을 했습니다. 그들은 무서운 홍수 심판 뒤에 마른 땅을 밟으며 하나님의 약속이 여전한 것을 확인했을 것입니다. 세상은 새로운 출발이라는 설렘과 기대로 부풀어 있었습니다.

이러한 때에 노아는 자신의 자녀가 죄의 씨앗을 품고 있음을 보게 되었습니다. 과거와 전혀 다른 새 출발인 줄만 알았는데, 여전히 자신들이 '좀비'였다는 사실과 마주한 것입니다.

노아의 저주는 단순한 분노나 신경질이 아니었습니다. 사람의 영혼 깊숙한 곳까지 완전히 오염되어 여전히 죄를 품고 있는 모습에 대한 절규요, 한탄이었습니다

노아는 인간이 죄를 품고 번성하는 것의 무의미함을 자신의 자손에게 예언자처럼 경고하며 선언하였던 것입니다. 아담이 타락한 이후 죄는 사람의 본능이 되었습니다. 아무리 새 시작을 하려고 해도 죄는 우리 안에 내재되어 성품과 행동으로 나타납니다.

이러한 인간의 오만과 하나님에 대한 반항이 집결하여 쌓아 올린 것이 '바벨탑'입니다. 죄는 우리의 본성 자체를 크게 오염시켰고 우리의 행동을 하나님의 형상으로부터 멀어지게 만들었습니다.

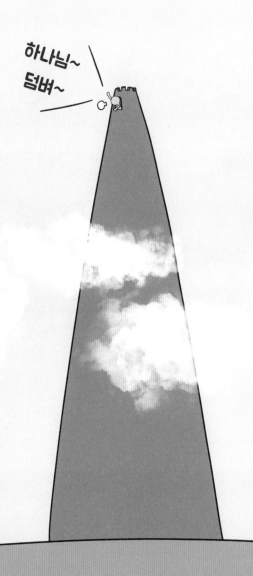

하지만 하나님은 인간을 결코 포기하지 않으십니다. 홍수 이후 새 출발선 앞에 선 인간이 여전히 좀비였다 할지라도, 그들이 하나님을 넘어서고자 바벨탑을 쌓았다 할지라도, 끝까지 포기하지 않으시는 하나님은 셈의 자손 중에서 '아브라함'을 불러내십니다.

하나님은 아브라함에게 자손을 약속하심으로 "여자의 후손(창세기 3:15)"
을 보내시기로 한 아담과의 약속을 이어가십니다. 그리고 정말 아브라함
의 혈통을 통해 다윗의 자손 "예수 그리스도"가 오셨습니다. 이것은 깊은
죄악 속에서 만나게 되는 하나님의 은혜입니다. 우리 힘으로 극복할 수 없
는 죄의 문제가 오직 그리스도 안에서 해결된다는 복음의 기초를 보여주
는 것입니다.

죄와
전적 타락

옥스퍼드대학교의 학장이며 청교도의 황태자라 불렸던 존 오웬[John
Owen]은 그의 별명에 걸맞게 철저한 신학적 지식으로 성도들을 가르쳤다.
존 오웬은 특별히 죄에 대해서 치밀하게 분석한 것으로 유명하다. 그의
작품은 방대하여 모두 살펴보기 어렵지만 그가 쓴 『신자 안에 내재하는
죄』에는 다음과 같이 타락에 대한 그의 핵심 사상을 요약하여 설명하고
있다.

> 존 오웬은 이러한(저자주:타락한 상태를 말함) 인간 영혼이 철저한 어두움
> 에 갇혀 있으며, 지성은 눈멂에, 정서는 죄악된 충동에, 그리고 의지는 완
> 고함에 복종되어 있음을 보여 주는데, 이는 외부로부터 오는 은혜의 구원이
> 아니면 아무 희망도 없다는 것을 보여 주는 것이다.[27]

사람이 죄인이 되었다는 것은 일부 망가졌다는 것을 말하는 것이 아니

다. 사람의 전인격이 죄로 오염되었음을 뜻한다. 생각하고 판단하는 능력이 왜곡되고, 하나님을 바라볼 수 있는 시각도 사라지고, 선한 것에 동기부여가 되지 않으며, 옳은 것을 위해 움직일 의지가 없는 절망적인 상태를 의미한다. 물론 사람들 중에는 비교적 윤리적이거나 조금 더 착한 사람들이 있을 수 있다. 그렇지만 그것은 사람 사이의 상대적인 평가일 뿐이다.

하나님의 기준을 따라 절대 평가를 한다면 누구도 의롭다는 평가를 받을 수 없다. 그래서 우리는 일부의 개선이 아니라 완전히 새로 태어나는 중생(重生)이 필요하다. 참으로 감사한 일은 예수님께서는 이러한 중생의 길을 직접 열어주셨다는 것이다.

"외부로부터 오는 은혜의 구원이 아니면 아무 희망도 없다."

이 같은 오웬의 고백처럼 하나님은 하늘로부터 우리에게 오셔서 은혜의 구원을 주셨다. 죄에 대한 통찰은 우리로 깊은 탄식으로 우리를 안내하지만 곧 하나님의 더 깊은 은혜로 나아가게 한다. 그러한 은혜 때문에 전적으로 타락하여 죄인 된 우리가 절망하지 않고 소망을 갖게 되는 것이다.

"자기 자신이 죄로부터 완전히 자유로우며 절대로 단 하나의 죄도 짓지 않는다고 말하는 사람은, 어느 정도이든지 죄의 의미를 오해하는 죄에 빠진 사람입니다."

– 로이드 존스 David Martyn Lloyd-Jones, 『로마서강해』

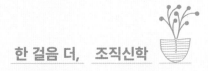
❶ 함이 술에 취한 아버지 노아의 모습을 다른 형제들에게 알린 행동이 잘못
된 이유는 무엇입니까? 이 일이 새로운 출발을 하는 노아의 가족에게 큰
충격이 된 이유는 무엇입니까?

❷ 아담과 하와가 타락한 이후에 사람이 갖게 된 죄의 모습 중 대표적인 것은
무엇입니까?

❸ 죄가 인간의 본성에 뿌리 깊게 박혀있음에도 불구하고 우리는 무엇을 통
하여 소망을 기대할 수 있습니까?

15장

가죽옷

죄와 자유

내가 너로 여자와 원수가 되게 하고
네 후손도 여자의 후손과 원수가 되게 하리니
여자의 후손은 네 머리를 상하게 할 것이요
너는 그의 발꿈치를 상하게 할 것이니라

사무엘상 3:15

내가 너로 여자와 원수가 되게 하고 네 후손도 여자의 후손과 원수가 되게 하리니 여자의 후손은 네 머리를 상하게 할 것이요 너는 그의 발꿈치를 상하게 할 것이라 하시고 창세기 3:15

여호와 하나님이 아담과 그의 아내를 위하여 가죽옷을 지어 입히시니라 창세기 3:21

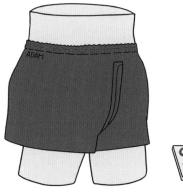

인간이 처음으로 죄를 짓고 타락하여 에덴동산에서 쫓겨나는 내용이 기록된 창세기 3장은 비극의 장입니다. 끝이 보이지 않는 깜깜한 동굴 속을 걷듯이 인류의 비극은 영원할 것 같았지만 15절과 21절을 통해 한 줄기 희망의 빛이 비치는 걸 보게 됩니다.

타락한 아담과 하와는 자신들이 벗고 있다는 것을 깨닫습니다. '눈이 밝아졌다'라는 창세기 3장 7절의 말씀은 새로운 것을 깨우쳤다는 긍정적 의미가 아니라 망가진 모습을 인식하게 되었다는 슬픈 의미입니다.

완전했던 그들에게 결함이 생겼습니다. 서로를 배척하며 숨고, 피하고, 감추게 되었습니다. 영혼과 육체 모두에 손상이 온 것입니다. 그들은 부끄러움을 가리기 위해 무화과나무 잎을 엮어 옷을 만들었습니다.

그런 그들에게 하나님은 '가죽옷'을 지어 입히십니다(창세기 3:21). 이 구절을 읽을 때마다 한 어린아이의 질문이 떠오릅니다. "나뭇잎으로 만든 옷이 통풍이 더 잘 될 것 같은데 왜 굳이 가죽옷으로 갈아입히셨어요?"

정말 왜 굳이 옷을 바꾸어 입히셨을까요? 에덴동산을 떠나 거칠게 살아가야 하니 더 질기고 튼튼한 옷을 만들어 주신 걸까요? 하나님이 지어 주신 가죽옷에는 특별한 의미가 담겨 있습니다.

무화과나무 잎을 엮어 만든 옷과 가죽옷의 결정적인 차이는 소재입니다. 가죽옷을 만들려면 동물이 죽어야 합니다. 즉 '피의 값'을 치러야만 가죽옷을 얻을 수 있는 것입니다.

재료 : 무화과 나뭇잎

재료 : 짐승의 가죽,
이를 위해 짐승의 죽음과 피흘림

아담과 하와는 스스로 지어 입은 옷으로 자신들의 결함을 가리려고 했습니다. 그러나 하나님은 겉만 가려서 해결될 일이 아니라고 말씀하십니다. 그들의 부끄러움은 피의 값으로만 덮을 수 있는 본질적인 죄의 문제임을 알려 주시기 위해 가죽옷을 지어 입히신 것입니다.

하나님은 죄의 문제를 완전히 해결해 주실 수 있는 분에 대해서도 알려주셨습니다. 그분은 바로 뱀의 머리를 짓밟는 모습으로 묘사된 "여자의 후손 (창세기 3:15)"입니다

하나님은 사단의 세력을 제압할 수 있는 여자의 후손을 약속하셨습니다.
홍수 심판 중에도 노아의 가족을 남기시고, 바벨탑의 등장으로 혼란한 가
운데서도 아브라함을 통해 자손을 주시며 그 약속을 이어가십니다.

네 수한이 차서 네 조상들과 함께 누울 때에 내가 네 몸에서 날 네 씨를 네 뒤에 세워 그의 나라를 견고하게 하리라 그는 내 이름을 위하여 집을 건축할 것이요 나는 그의 나라 왕위를 영원히 견고하게 하리라 사무엘하 7:12-13

시대도, 등장인물도 바뀌지만 하나님의 약속은 변함이 없습니다. 역사의 뒤안길에서 이방 여인 룻을 통해 다윗을 등장시키시고, 그의 자손을 통해 영원한 왕, 즉 구원자가 나올 것을 말씀하십니다.

'여자의 후손'에서 '아브라함의 자손'과 '다윗의 혈통'으로 이어지는 약속은 이스라엘의 역사가 진행되는 동안 항상 유효했고, 이는 이사야 선지자를 통해 '처녀가 잉태하여 낳을 아들(이사야 7:14)'로 선포됩니다.

그리고 말씀대로 예수님은 처녀 마리아를 통해 이 땅에 오셨습니다(마태복음 1:18-25). 그분은 십자가에서 피를 흘리심으로 우리의 죗값을 대신 치르셨습니다.

창세기 3장에서 여자의 후손에 대해 약속하시고 가죽옷을 입히심은 하나님께서 예수 그리스도를 통하여 우리를 위한 구원의 길을 열어주셨음을 알리는 복음의 선포였습니다. 그리고 이것은 우리가 죄로부터 자유로워질 수 있는 유일한 길입니다.

사람들은 임기응변으로 자신의 결함을 채우려고 합니다. 시대마다 각자의 무화과나무 잎으로 옷을 만들어 입었습니다. 누군가에게 그 옷은 경제력이거나, 지식이거나, 도덕성이거나, 권력이었습니다.

어떤 사람들은 바벨탑을 쌓았고, 어떤 사람들은 금송아지를 만들었으나 그 무엇도 우리의 죄와 생명의 문제를 근본적으로 해결하지 못했습니다.

왕을 달라고 요청해서 왕을 주었으나 이스라엘은 오히려 더 타락했고 결국 멸망했습니다. 인간의 힘으로 유토피아를 건설하겠다며 발전시킨 온갖 지식과 기술로 결국 1·2차 세계 대전을 치렀던 현대인들도 별반 다른 것이 없었습니다.

지식의 축적과 기술의 발전을 폄하하는 것은 아닙니다. 덕분에 우리는 수많은 혜택을 누리며 편리하고 윤택하게 살아가고 있습니다. 그러나 사람이 만들어 낸 것이 세상을 더 선하게 만들 수는 없었습니다. 죄와 죽음의 문제를 해결하지 못했습니다.

하나님은 오늘도 우리에게 말씀하십니다. 죄와 죽음으로부터 자유롭게 되어 복된 자녀로 살아가기 위해서는 여자의 후손과 가죽옷이 필요하다고 말입니다.

사람들은 조금 더 나은 존재로 발전하기 위해 온갖 지식과 기술에 기대어 애쓰고 노력합니다. 물론 이러한 것들은 하나님의 다스림 아래서 충분히 선하게 쓰일 수 있습니다.

그러나 중요한 것은 무화과나무 잎으로 옷을 만드는 법이 아니라 하나님이 지어 주신 가죽옷을 입고 여자의 후손이 누구신가를 제대로 아는 일입니다. 진정한 삶의 출발은 바로 이 복음 안에서 가능합니다.

죄와 자유

종교개혁가 칼빈은 사람의 타락에 대하여 이렇게 이야기 한다.

"완전히 죄에 압도되어서 죄에서 벗어나 있는 부분이 하나도 없으며, 사람에게서 나오는 모든 것이 다 죄로 물들어 있다."

사람은 매우 심각하게 오염되었기 때문에 결코 부분적인 개선으로는 돌이킬 수 없다는 것이다. 죄의 결과가 이토록 심각한 이유는 우리의 죄가 왕이신 하나님을 저버린 반역이었기 때문이다. 모든 사람은 왕을 배반한 죄목으로 형벌을 받게 되었다. 이것은 무화과나무 잎으로 만든 옷으로는 도저히 가릴 수 없는 큰 죄다.

그래서 복음은 우리에게서 가능성을 찾을 수 없는 그때, 타락의 깊이 보다 더 깊은 은혜로부터 시작된다. 칼빈은 죄의 심각성을 말하는 동시에 "여자의 후손"인 그리스도께서 오셔서 십자가에 달리신 것이 우리의 오염을 씻기시고 죗값도 해결하셨음에 대해 다음과 같이 기술한다.

사도들은 그리스도께서 값을 지불하심으로 우리를 죽음의 형벌에서 구속하셨음을 분명히 진술하고 있다: "그리스도 예수 안에 있는 속량으로 말미암아 하나님의 은혜로 값 없이 의롭다 하심을 얻은 자 되었느니라 이 예수를 하나님이 그의 피로써 믿음으로 말미암는 화목제물로 세우셨으니(로마서 3:24-25)." 바울은 하나님께서 그리스도의 죽음으로 구속의 값을 주셨다는 점에서 그의 은혜를 높이 기리며, 그리고 나서 그리스도의 피를 피난처로 삼으라고 우리에게 명한다.

…

(그리스도는) 우리가 지불할 수 없는 것을 친히 지불하셔서 우리를 위하여 의를 얻으시기 위함이 아니라면, 그리스도께서 율법 아래에 계신 목적이 과연 무엇이었단 말인가? 그리하여 행위로 말미암지 않는 의의 전가에 대한 논의가 이어지는 것이다(로마서 4장). 그리스도 안에 있는 의가 우리의 것으로 간주되기 때문이다.[28]

이러한 복음에 대한 선언은 이미 창세기에서부터 "여자의 후손"에 대한 예언과 피의 값으로 만든 "가죽옷"을 우리에게 덮어주심으로 그림자처럼 주어졌던 것이다.

"복음에 의하여 그리스도를 옷 입는 일은 새로운 탄생과 새로운 창
조, 말하자면 그리스도의 무죄함, 의, 지혜, 능력, 구원, 생명 그리고
성령을 옷 입는 것이다… 아담으로부터의 유전에 의하여 우리는 부
패하고 죄 된 본성의 옷을 얻었다. 우리는 이런 옛사람을 벗어버리
고 아담의 아들로부터 변하여 하나님의 아들이 되어야 한다."

– 마틴 루터 Martin Luther, 『갈라디아서 강해』

❶ 하나님이 아담과 하와에게 가죽옷을 입히신 것은 무엇을 의미합니까?

❷ 창 3:15에 등장하는 "여자의 후손"은 누구이며, 이스라엘의 역사 속에서 어떻게 등장합니까?

❸ "복음"에 대해서 설명해봅시다. 나는 복음에 대해서 어떻게 알고 이해하고 있습니까? 그리고 우리에게 복음이 "우선" 필요한 이유는 무엇입니까?

16장

실패를 되돌린 세 가지 시험

그리스도

예수께서 대답하여 이르시되 기록되었으되
사람이 떡으로만 살 것이 아니요
하나님의 입으로부터 나오는 모든 말씀으로 살 것이라
하였느니라 하시니

마태복음 4:4

예수님이 세 가지 시험을 받으시는 장면에 극적인 드라마는 나오지 않습
니다. 병을 고치고 물 위를 걸으셨던 능력으로 온갖 종류의 떡을 만들어
내거나 하늘을 날아다니실 법도 한데, 예수님은 말씀으로 대응하실 뿐 어
떤 통쾌한 장면도 연출하지 않으십니다.

그러나 예수님은 단 몇 마디의 말씀만으로 구원자로서의 위용을 보이시고, 처음 죄를 범했던 아담과 하와의 실패를 단번에 뒤집어 버리십니다.

그들이 선악과를 먹은 행위는 단지 규칙 하나를 어긴 것이 아니라 하나님을 신뢰하지 않고 본인들이 하나님의 자리에 앉으려는 시도였습니다.

아담과 하와는 하나님보다 자신들의 생각이 옳다고 여겼습니다. 선악과를 먹지 못하게 하시는 의도를 의심하며 하나님이 자신들의 편이 아닐지도 모른다는 생각에 사로잡혔습니다.

275

그들은 하나님의 명령이 아니라 사탄이 제시한 방법을 따라갔습니다. 하나님의 말씀에 만족하지 못하고, 눈에 보이고 손에 쥘 수 있는 욕망을 찾아간 것입니다. 사탄이 보여주는 실용성을 따라 인생을 운영하기 시작합니다.

결국 아담과 하와는 하나님과의 관계가 끊어지게 됩니다. 반면 사탄의 시험에 대한 예수님의 반응은 정반대입니다.

사탄의 첫 번째 시험은 돌로 떡을 만들어 보라는 것이었습니다. 당시 예수님은 사십 일을 밤낮으로 금식하신 후라 몹시 주린 상태였습니다. 또한 구원자로서의 사역이 시작되는 시점이었기에 당신의 능력을 만방에 보이실 기회였습니다. 돌로 떡을 만들라는 사탄의 요구는 타당해 보입니다.

그러나 예수님은 단호하십니다. "사람이 떡으로만 살 것이 아니요 하나님의 입으로부터 나오는 모든 말씀으로 살 것이라(마태복음 4:4)." 사탄은 배를 채우고 환경을 바꾸라고 유혹하지만 예수님은 그보다 하나님의 말씀이 우선 되어야 한다고 말씀하십니다.

우리는 환경과 조건이 만족스러워지면 죄를 짓지 않을 수 있다고 생각합니다. 그러나 에덴동산에서 부족함 없이 살았던 아담과 하와, 광야에서 만나와 메추라기를 무상으로 공급받던 이스라엘 백성들의 모습을 보십시오. 먹고사는 걱정이 없어도 사람은 죄를 짓습니다. 말씀 없는 환경의 변화는 답이 될 수 없습니다.

하나님의 말씀을 경시하고 선악과를 차지하던 아담과 달리 예수님은 하나님의 말씀에서 만족을 찾았습니다.

사탄의 두 번째 시험은 높은 곳에서 뛰어내리라는 것이었습니다. 하나님 이라면 천사들을 시켜서 다치지 않게 받아주시지 않겠냐는 것입니다. 얼 핏 믿음의 고백처럼 들리기도 합니다. 그러나 예수님은 뛰어내리는 대신 "주 너의 하나님을 시험하지 말라(마태복음 4:7)."라고 말씀하십니다.

"이 정도는 해 주셔야 하나님이지!"라는 식으로 자신이 설정한 조건에 하
나님을 욱여넣는 것은 그분을 신뢰하는 태도가 아닙니다. 다니엘의 세 친
구는 불구덩이 앞에서 "하나님이라면 구해주셔야지요!"라고 말하지 않았
습니다. 그들의 외침은 "그리 아니하실지라도!"였습니다.

그들은 하나님이 충분히 불구덩이에서 자신들을 살려주실 수 있다고 믿었
습니다. 그러나 그리 아니하실 하나님 역시도 하나님이었습니다. 하나님
은 우리의 요구를 충족시켜 줄 때만 비로소 인정받는 분이 아닙니다.

이것저것 가늠해보고 하나님을 인정하겠다는 것은 우리를 전력을 다해 사
랑하시는 하나님을 무시하는 태도이기에 예수님은 이렇게 말씀하십니다.

예수께서 이르시되 또 기록되었으되 주 너의 하나님을 시험하지 말라 하였느니라 하시니

마태복음 4:7

마지막으로 사탄은 "내게 엎드려 경배하면(마태복음 4:9)" 모든 것을 주겠다고 제안합니다. 예수님은 죄의 권세 아래 속박된 우리를 구원하러 오셨는데, 엎드려 경배하기만 하면 순순히 모든 것을 돌려주겠다고 하니 굳이 십자가를 지는 고난의 길을 가지 않고도 쉽게 일을 끝낼 수 있을 것 같은 솔깃한 제안입니다.

그러나 이번에도 예수님은 사탄이 제시하는 방법을 좇아가지 않으십니다. 애초부터 사탄에게는 세상에 대한 소유권이 없었거니와 세상의 질서를 회복하고 운영하는 온전한 방법은 창조주시며 통치자이신 하나님의 말씀을 따르는 것이기 때문입니다.

사탄이 제시한 방법이 더 실용적이고 합리적으로 보여도 예수님의 기준은 명확했습니다. "주 너의 하나님께 경배하고 다만 그를 섬기라." 경배의 대상은 오직 하나님뿐이시며 삶의 주권과 운영권도 그분께 있다는 것입니다.

사탄의 궁극적인 목적은 하나님과 예수님의 관계를 파괴하는 것이었으나 성자 예수님은 성부 하나님과 뜻을 함께 하며 결코 자의적으로 행동하지 않으셨습니다.

이러한 예수님의 모습은 구원자로서의 위용이요, 성부 하나님과 동일한 의지와 뜻을 가지고 계신 거룩함 그 자체였습니다. 아담과 하와는 실패했지만 예수님은 달랐습니다.

예수님은 사탄이 엎어버린 상을 원상 복구시키시고 아담과 하와의 실패를 뒤집어 놓으셨습니다. 최초의 인류 대표가 망가트린 것을 예수님이 친히 사람의 몸을 입고 두 번째 대표가 되셔서 고쳐놓으신 것입니다.

극적인 반전 드라마는 없었지만 예수님은 무엇보다도 통쾌하게 사탄의 시험을 물리치고 승리하셔서 회복의 길을 만들어 주셨습니다. 예수님은 어떤 유혹에도 휘둘리지 않으시고 하나님과의 관계를 끝까지 붙드심으로 구원자의 위엄을 보이셨습니다.

예수님이 보여주시고 말씀하신 모든 것들은 단순히 도덕적, 윤리적 차원
에서만 거론될 것이 아니라 죄의 세력에 맞서 구원의 길을 여는 하늘의 일
이며, 또한 그분이 하나님이시라는 사실을 명확히 인식해야 할 것입니다.

그리스도

우리는 예수님에 대하여 세상의 도덕과 윤리, 사회적 의미로만 다룰 수 없다. 예수님은 하나님으로서 하늘의 일을 이루시는 분이기 때문이다. 네덜란드의 저명한 신학자 헤르만 바빙크는 이러한 예수님의 사역에 대해서 다음과 같이 논증한다.

그리스도가 현재 낮아진 상태에서 완수하는 사역은 신약 성경에서 다양하게 묘사되고 있다. 그것은 성부가 그에게 맡긴 일이다. 그것은 일반적으로 말하면 하나님의 뜻을 완수하는 것이었으며, 구체적으로 말하면 하나님에 대한 해설, 그의 이름을 계시하고 영화롭게 하며, 하나님의 말씀을 전달하는 것 등을 포함했다. 그리스도는 말과 일에 능력 있는 선지자다. 그는 새로운 율법의 제정자가 아니라 율법의 해설자다. 그는 복음을 선포하며 율법과 복음 모두에서 자신을 율법의 완성자와 복음의 내용으로서 설교한다. 그리스도 자신의 인격이 율법이며 복음이다. … 그는 로고스이며, 은혜와 진리가 충만하고, 성령으로 한량없이 기름 부음을 받았으며, 성부에 대한 계시

다. ··· 그는 다른 선지자들과 나란히 존재한 한 선지자가 아니라 최고 유일

한 선지자다.[29]

이것은 바빙크가 예수님에 대해 차고 넘치도록 묘사한 논증의 극히 일

부이다. 그만큼 예수님의 일은 한마디로 설명하기 어렵다. 성경에도 예수

님에 대한 증거가 풍성하다. 성경은 예수님이 곧 하나님이시며 인류의 구

원을 위해 하늘을 일을 나타내시려 이 땅에 오셨다고 말한다. 예수님의 일

은 단편적인 교훈을 넘어서서 타락한 인류의 판도를 뒤집는 광대한 사역

이다. 우리는 이 사실을 매 순간 마음에 새기고 또 새겨야 할 것이다.

"오직 여러분이 죄인이요 의인이 아니라는 사실과 여러분에게는 수많은 죄악이 있어서 본래 하나님의 은혜를 받을 자격이 전혀 없다는 사실을 하나님 앞에서 확신하십시오. 그러면 저는 여러분을 구원해 주 실 수 있는 유일한 분, 당장이라도 아무런 대가 없이 여러분을 구원하시는 유일한 구주를 소개해 드릴 것입니다."

– 옥타비우스 윈슬로우 Octavius Winslow, 「십자가 아래서」

한 걸음 더, 조직신학

❶ 왜 아담과 하와가 선악과를 먹은 것이 하나님과의 관계가 파괴되었음을 의미합니까?

❷ 아담과 하와의 실패와 대조하여 예수님이 받으신 세 가지 시험은 어떤 의미를 갖습니까?

❸ 예수님을 4대 성인 중에 한 명으로 분류할 수 없는 이유는 무엇입니까?

미주

1) '하나님의 이름이 사소해진다'라는 표현은 데이비드 웰스David F. Wells가 사용했다. 하나님의 이름이 어느 때보다도 세속화되어 선포됨으로써 그 진리와 영광의 무게가 가벼워지는 것에 대해 그의 저서 『거룩하신 하나님』(부흥과개혁사)과 『신학실종』(부흥과개혁사)에서 누차 우려하며 언급한다.

2) 로버트 L. 레이몬드, 『최신 조직신학』(CLC, 2004), p.24.

3) 도로시 세이어즈Dorothy Leigh Sayers, 1893-1957는 영국의 극작가이자 당대 최고의 추리소설 작가였던 아가사 크리스티와 비견되는 뛰어난 소설가이며, C. S. 루이스와 J. R. R. 톨킨과도 꾸준히 친분을 쌓으며 문학계를 이끌었던 인물이다. 그뿐만 아니라 목사였던 아버지의 가르침과 옥스퍼드 대학에서 착실히 쌓았던 학문적 자산과 자신의 언어적 재능으로, 성경의 교리를 시대에 맞게 풀어내는 데 힘쓴 인물로 교회사에 있어서도 주목할 만한 신선한 자극을 주었다.

4) 도로시 세이어즈, 『기독교 교리를 다시 생각한다』(IVP, 2009).

5) 이 말을 오해하지 말 것은, 필자 역시 급변하는 시대의 정서를 반영할 수 있는 프로그램을 도입하는 것을 부정하지 않는다. 오히려 그 노력들을 긍정적으로 본다. 그런데 그것은 어디까지나 성경을 제대로 가르친 이후의 부수적 활동이다. 마치 프로그램이 성경을 가르치는 것의 대안인 것처럼 비중 있게 다루는 것은 우려가 된다.

6) 마이클 호튼, 『언약적 관점에서 본 개혁주의 조직신학』(부흥과개혁사, 2012), p.20.

7) 25장의 비유는 24장부터 이어지는 맥락으로서 주인의 의도가 선한 사업과 주변을 보살피기 위한 것이라는 사실은 명백함.

8) 신론의 전통적 의미와 위치, 그리고 발전과 부침의 역사에 대한 개략은 다음 책을 참고하라. 루이스 벌코프, 『조직신학』(크리스챤 다이제스트, 2004) p.205-216.

9) 라틴어로는 recipimus. 초기 교회 회의에서 이미 recipimus라 표현하며 그 권위를 '받아들임'을 고백했고, 종교개혁 이후 웨스트민스터 신앙고백서에서는 'received'라는 단어를 사용함으로 역시 하나님의 말씀 앞에 그 권위를 인정할 뿐이라는 점을 명시했다.

10) R.C. 스프로울, 『웨스트민스터 신앙고백 해설 I』(부흥과개혁사, 2011), p.26.

11) 웨스트민스터 신앙고백서 1장 1항. 부흥과개혁사『웨스트민스터 신앙고백해설』의 역 참고.

12) 마이클 호튼, 『삶의 목적과 의미』(부흥과개혁사, 2005), p.106.

13) 이러한 말자체가 강압적으로 들릴 수 있습니다. 자신의 명령 안에만 우리를 가두어 두는 하나님은 압제하는 왕처럼 느껴질 수 있습니다. 그러나 우리는 이미 3장에서 보았듯, 하나님을 오해하는 시선을 거두어야 합니다. 그리고 하나님이 강압적인 왕이 아니라는 사실은 6장과 7장에 걸쳐 충분히 설명할 것입니다.

14) 메시야는 기본적으로는 '기름부음 받은 자'란 뜻으로, 기름부음을 받아 세워진 세 직분 선지자, 제사장, 왕의 역할을 통칭하는 구원자를 가리킨다. 구약의 히브리어 '메시야'는 신약의 헬라어 '그리스도'와 동의어이며 예수가 '그리스도'라는 선언은 그가 구약에서 기다린 '메시야' 곧 구원자라는 뜻인 동시에 참된 선지자요 제사장이요 왕이라는 의미가 된다.

15) 사실 하나님을 향하여 '성품'이란 단어를 쓰는 것은 적합하지 않습니다. 성품은 인간에게 제한된 언어이기 때문입니다. 사람에게 해당되는 '인격' '성품'등과 구별하기 위해 하나님에게 "신격"위격"속성'이라는 단어가 따로 있지만 위의 본문에서는 어감 적으로 이해를 돕기 위해 성품이란 단어를 사용합니다.

16) R.C.스프로울, 『웨스트민스터 신앙고백서 해설 1』(부흥과개혁사, 2011), p.73.

17) "하나님이 어떤 점에서 불변하신가?"하는 논의와 설명은 교회 역사 속에서 많이 가르쳐왔던 주제입니다. 이러한 논의에 대해 일목요연하게 잘 설명한 책으로는 다음의 책을 참조하면 유익할 것입니다. 제임스 패커, 『하나님을 아는 지식』(IVP, 1996), p.105-113.

18) 헤르만 바빙크, 『하나님의 큰일』(CLC, 2007), p.130.

19) 제임스 패커, 『하나님을 아는 지식』(IVP, 1996), p.112.

20) 칼 트루만 외, 『삼위일체: 신약신학, 실천신학적 연구』(이레서원, 2018), p.271-273.

21) 황희상, 『특강 소요리문답 상권』(흑곰북스, 2011), p.100.

22) 작정과 자유의 관계를 신앙의 선조들은 신앙고백서에 잘 정리해놓았다. "하나님께서는 영원 전부터 하나님 자신의 뜻의 가장 지혜롭고 거룩한 계획에 의해서 일어날 모든 것을 자유롭고 불변하게 작정하신다. 그렇지만 그 때문에 하나님께서 죄의 조성자가 아니시며 피조물의 의지가 침해당하는 것도 아니며, 제2원인들의 자유나 우연성이 제거되는 것도 아니고 오히려 확립된다."(「웨스트민스터 신앙고백」 3장 1항) (R. C. 스프로울, 『웨스트민스터 신앙고백 해설 1』(부흥과개혁사, 2011), p.107.)

23) 루디스 벌코프, 『조직신학』(크리스챤다이제스트, 2003), p.341.

24) 로버트 L. 레이몬드, 『최신 조직신학』(CLC, 2010), p.511-512.

25) 조엘비키, 『칼빈주의』(지평서원, 2010), p.106-107.

26) 안토니 A.후크마, 『개혁주의인간론』(CLC,1999), p.398-399.

27) 존 오웬, 『신자 안에 내재하는 죄』(부흥과개혁사, 2009), 12쪽. 인용한 부분은 서두의 김남준 목사 해제이며 존 오웬의 정밀한 논지를 확인하기 위해서는 책 전체를 살펴볼 것을 권한다.

28) 존 칼빈, 『기독교 강요 상권』(크리스천다이제스트, 2003), p.652-654.

김포 방구석에서 늘 혼자 끄적거렸는데
늘 주님 함께 계셔서 놀아주셨어요.
이 책을 읽으시는 모든 분들도
주님과 꼬진신학으로
즐겁게 노시길...

2020. 1.

쉽게 시작해 깊게 이해하는
조직신학의 눈으로 읽는 성경 primus

초판 1쇄 발행 2020년 2월 10일

지은이 박민근
그린이 신현욱
펴낸이 이재원

펴낸곳 선율
출판등록 2015년 2월 9일 제 2015-000003호
주소 경기도 구리시 동구릉로 148번길 15
전자우편 1005melody@naver.com
전화 070-4799-3024   **팩스** 0303-3442-3024
인쇄 · 제본 성광인쇄

ⓒ 박민근 · 신현욱, 2020

ISBN 979-11-88887-10-1   03230

값 16,000원